Christian Bartel

GRUNDKURS WELTHERRSCHAFT

CHRISTIAN BARTEL

GRUNDKURS WELTHERRSCHAFT

BEKENNTNISSE EINES AUSNAHMEATHLETEN

GESCHICHTEN

SATYR VERLAG

CHRISTIAN BARTEL

lebt als freier Autor in Bonn und interessiert sich für Komik und Verzweiflung. Er ist Mitglied dreier Lesebühnen in Bonn und Köln, wurde 2005 Vize-Meister des »German International Poetry Slam« und schreibt Satiren für die »Wahrheit«-Seite der »taz«. 2008 erschien sein erster Erzählungsband »Seit ich Tier bin« (Muschel-Verlag), 2011 folgten der »Zivildienstroman« (Carlsen) und das »Heimatbuch Rheinland« (Conbook). Für den Satyr Verlag gab er 2009 die Anthologie »Götter, Gurus & Gestörte« heraus (zusammen mit Anselm Neft).

2. Auflage Augsut 2013

© Satyr Verlag Volker Surmann, Berlin 2013
www.satyr-verlag.de

Coverillustration: Martin Armbruster
Autorenfoto: Matthias Stöber
Druck und Bindung: CPI Moravia
Printed in Czech Republic

Die Deutsche Nationalbibliothek verzeichnet diese Publikation in der Deutschen Nationalbibliografie; detaillierte bibliografische Daten sind im Internet abrufbar über: http://dnb.d-nb.de

Die Marke »Satyr Verlag« ist eingetragen auf den Verlagsgründer Peter Maassen.

ISBN: 978-3-944035-05-5

INHALT

ÜBER DEN AUTOR

Christian Bartel ist ein Ausnahmeathlet. Er kann mit den Händen sprechen und über das Wasser sehen. Sein Gang ist aufrecht, sein Stuhl fest. Er schläft im Bett und frühstückt in der Küche, im Garten aber ruht er sich aus. In seinem Herzen ist Fülle, aber auch am Bauch und da, wo andere einen Hals haben, ist Fülle. Christian Bartel ist sein eigenes Füllhorn, sooft er davon trinkt. Er gehet nimmer zur Neige und wandelt in grüner Aue, wenn man ihn dorthin fährt.

Die Weiber singen seine Lieder, wenn sie in die Schlacht ziehen, die Männer, wenn sie den Müll runterbringen.

Christian Bartel ist der Tau, der am Morgen die Wiese netzt und das Leben weckt, sagt der Oheim, aber da irrt er sich, denn das wäre Christian Bartel viel zu früh.

Der Westwind, der über das weite Meer weht, erzählt Christian Bartel seine Geschichten, und der korrigiert sie freundlich, aber bestimmt. Geschichten brauchen nämlich ein Happy End, sagt Christian Bartel, auch wenn es ein trauriges ist. Es ist eigentlich immer ein trauriges, sagt er, und der Westwind notiert sich das fürs nächste Mal.

Christian Bartel ist gut zu den Tieren und beißt nur in jene, die ihm wohlschmecken. Er ist kein Alphatier, weil er nicht vom Affen abstammt wie der Rest von euch. Er ist die goldene Gemme, welche die Nahrungskette schließt, und er trägt sie als Schmuck um den Hals. In einer stürmischen Novembernacht hat sich Christian Bartel aus abgelaufenem Joghurt, einem alten C64-Prozessor und drei Fudern Hack (halb und halb) selbst zusammengebaut und aus Jux zum Leben erweckt, er ist sein eigenes Geschöpf, und er nennt sich Meister. Oder Igor, je nach Tagesform.

Christian Bartel steht mit hochgekrempelten Hosen im Strom der Zeit, ohne nass zu werden. Er angelt prächtige Forellen mit der bloßen Hand und wirft sie an den Himmel, wo ihr sie nachts als Sterne funkeln sehen könnt. Er steht in elegantem Spreiz, und zwischen seinen Füßen erstreckt sich das Universum. Wenn ihr etwas über Ausdehnung und Beschaffenheit des Universums wissen wollt, fragt seinen Fußpfleger.

Auf Christian Bartels Schultern thronen groß und flammend zwei blutrote Ochsen, auf deren mächtigen Rücken sitzen acht Schildkröten, auf deren Panzern wiederum ein Parkettboden aus Ebenholz verdübelt ist.

Denn Christian Bartel ist sehr geschickt mit seinen Händen.

Und auf diesem Parkett drehen sich seit unerdenklichen Zeiten Eros und Thanatos im Walzerschritt, und die Musik pfeift Christian Bartel dazu. Auf den Haarspitzen von Eros und Thanatos sitzen zwei Flöhe und spielen Fußball, mit einem Ball, den Christian Bartel aus den schwarzen Krümeln zwischen seinen Zehen geformt hat.

Dieser Ball aber ist die Welt, so wie ihr sie kennt. Für Christian Bartel ist das alles kein großes Ding, er ist damit aufgewachsen und kann damit umgehen.

DAVID, SEINE MUTTER UND DER DORSCH

David hat gesagt, wenn er noch einen erwischt, der sich auf seine Mutter einen runterholt, kriegt der was aufs Maul. Wie will er das denn kontrollieren, frage ich mich, aber ich kann ihn irgendwie verstehen, seine Mutter ist bei den Jungs echt beliebt als Wichsvorlage, und das ist auch nicht immer so leicht für David. Er selber hat ja nichts davon, sie ist schließlich seine Mutter.

Wir sollen Jans Schwester nehmen, sagt David, die hat bestimmt nichts dagegen, aber Jan steckt sich den Finger in den Mund, macht Kotzgeräusche, und damit ist eigentlich alles gesagt.

David schlägt ein paar Mädchen aus den höheren Klassen vor, alle nicken, aber dann sagt Jan: »Deine Mutter ist sooo geil«, und alle nicken noch mal, diesmal heftiger, und David boxt Jan auf den Mund.

David ist immer noch sauer, weil neulich Fotos vom FKK-Urlaub aus den Alben im Wohnzimmerschrank geklaut worden sind, und er musste seine Panini-Bilder-Sammlung auflösen, um die Fotos seiner Mutter auf dem Schulhof zurückzutauschen.

Er wirft mir einen wütenden Blick zu, obwohl ich nichts dafür kann, ich habe ihm sogar freiwillig ein Foto zurückgegeben, für das ich immerhin zwei Klaus Augenthaler bezahlt hatte, aber David ist mein Freund, und er lädt mich sonst nicht mehr zu sich nach Hause ein, hat er gesagt.

Das Problem war aber, dass die Fotos natürlich ein bisschen benutzter aussahen als vorher, außerdem sind die Gesichter von Leuten, die sonst noch auf den Fotos drauf waren, mit Edding übermalt oder weggeknibbelt, weil man natürlich nicht gut wichsen kann, wenn David oder sein Vater einem dabei zugucken, und das auch noch nackt. David hat die Fotos aber trotzdem zurückgetan, was sollte er da auch groß machen.

Als Davids Eltern die Alben irgendwelchen Freunden zeigen wollten, ist die Sache aufgeflogen. Die Freunde waren Psychologen und haben sofort herausgefunden, dass David das gemacht haben muss, weil er ein Problem mit seinem Vater hat, dessen Gesicht und Pimmel waren ja immer übermalt. Jetzt muss er jeden Montag mit seinem Vater zur Therapiestunde. Seitdem haben die beiden wirklich ein Problem miteinander.

Das Gute daran ist, sagt David, dass er jetzt in der Schule mehr Scheiß bauen kann, weil er in einer schwierigen Phase steckt. Das haben seine Eltern unserer Klassenlehrerin erzählt, und wenn David keinen Bock mehr auf Unterricht hat, rennt er einfach raus, und unsere Klassenlehrerin erklärt uns, dass wir viel Geduld mit David haben müssen, weil er in einer schwierigen Phase steckt.

Trotzdem ist es nicht ganz leicht für ihn, und deswegen hat David einen Plan ausgeheckt.

»Der Dorsch hat einen Haufen Pornos im Hinterzimmer, das weiß jeder«, erklärt er, und seine Stimme zittert, weil es ein ziemlich gefährlicher Plan ist. »Die holen wir uns. Dann hat jeder was zum Wichsen, und ihr lasst meine Mutter in Ruhe.« Alle nicken. Das ist ein faires Angebot, finden wir.

Der Dorsch heißt Dorsch, weil er nach altem Fisch stinkt und so tranige Augen hat. Er hat den Kiosk gegenüber der Schule und verkauft Sexhefte nur aus seinem Hinterzimmer, weil sich die Schulleitung beschwert hatte, als sie noch vorne in den Regalen lagen. Wir hassen den Dorsch, und der Dorsch hasst uns, aber wir haben viel Spaß mit ihm. Der Dorsch versucht immer, uns beim Klauen zu erwischen, und deswegen tun wir nur so, als ob wir klauen würden, legen die Sachen aber im letzten Moment zurück, und wenn der Dorsch uns beim Rausgehen am Genick packt, haben wir nichts in den Taschen und können uns bei der Schule über ihn beschweren.

Diesmal klauen wir aber richtig, wir brechen sogar ein, nachdem der Dorsch zugemacht hat. Keiner sagt etwas, alle müssen ständig pinkeln, und Jan hat sogar gekniffen, weil er angeblich abends nicht mehr rausdarf. Wir zwängen uns durch die Kellerluke, deren Riegel so verrostet ist, dass man ihn leicht nach innen wegbiegen kann, David steckt sich im Keller noch ein paar Underberg-Fläschchen in die Tasche. Dann sind wir schon oben im Lager.

Paul sagt, dass er schon wieder pissen muss, außerdem

ist ihm schlecht und David zittern die Hände, das sieht man, aber er versucht, entschlossen zu gucken. Die Sexhefte sind mit harten, grauen Plastikstreifen zu dicken Bündeln verschnürt, die wir uns nicht aufzuschneiden trauen. Sonst finden wir nichts.

»Scheiße. Wir hauen ab«, sagt Paul und zieht mich am Ärmel zur Kellertreppe, aber da knallt die Tür auf, ein Schwall muffigen Fischdunstes springt uns an, und mit lautem Platschen schwappt die massige Gestalt des Dorsches ins Hinterzimmer. Er schwingt einen Baseballschläger über dem Kopf und brüllt »Ha!«. Dann sagt er erst mal lange nichts mehr. Er sieht ziemlich verwirrt aus und weiß nicht, wie er reagieren soll, dabei ist er hier der Erwachsene, wir wissen es nämlich erst recht nicht.

Ich versuche, zu lächeln und möglichst harmlos auszusehen, damit ich nicht geschlagen werde. Dabei funktioniert das schon auf dem Schulhof nie.

»Sie dürfen mir nichts tun, ich bin in einer schwierigen Phase«, kreischt David schließlich in die Stille, aber dem Dorsch klappt bloß der Unterkiefer noch weiter runter. Schließlich rettet ausgerechnet Paul, der sich mit einem behänden Satz unter den Tisch in Sicherheit gebracht hatte, die Situation. Paul, muss man wissen, will unbedingt Klassensprecher werden, aber das klappt nie, weil er oft sitzen bleibt, und deswegen wählt ihn keiner, trotzdem übt er schon heimlich seine Antrittsrede. Es ist eine sehr gute Rede, behauptet er, aber er kann sie nicht vor Leuten halten, weil er dann stottert.

»Liebe Mitschüler, sehr geehrter Dorsch«, kommt es unter dem Tisch hervor, »wir haben uns heute hier versammelt, um unseren Klassenkameraden David aus einer misslichen Lage zu befreien, in die er fast ohne eigenes Verschulden geraten ist, er hätte bloß den FKK-Urlaub besser nicht erwähnt, da werden die Leute halt neugierig. Kennen Sie eigentlich seine Mutter, Herr Dorsch?«

Paul zieht ein zerknittertes Bild aus der Hosentasche und streckt es vorsichtig unter dem Tisch hervor.

David protestiert, aber der Dorsch wedelt mit dem Baseballschläger.

»Er hat Abzüge gemacht« mault David völlig unpassend herum. »Die miese kleine Sau hat Abzüge gemacht.« Paul sagt stolz, dass er extra dafür in die Foto-AG gegangen ist.

»Du hast eine sehr schöne Mutter«, sagt der Dorsch schließlich anerkennend zu David. »Aber sie sollte sich vielleicht was anziehen.«

Dann erklärt Paul dem Dorsch, der sich mittlerweile interessiert zu ihm runtergebeugt hat, die ganze verzwickte Sachlage. Es ist wirklich eine sehr gute Rede, und als Paul erzählt, dass David seine ganzen Fußballbildchen hat hergeben müssen, hat David sogar Tränen in den Augen. Auch der Dorsch ist sehr beeindruckt.

»Ich brauch jetzt erst mal einen Schnaps«, sagt der Dorsch irgendwann, und David bietet ihm den Underberg an, den er aus dem Keller geklaut hat. Der Dorsch merkt aber nichts, er grunzt nur und trinkt den Schnaps.

»Du kannst jetzt da rauskommen«, sagt der Dorsch, aber Paul lehnt höflich ab und bleibt unter dem Tisch hocken. Er hat auf einmal großes Vertrauen in seine Fähigkeiten als Redner bekommen und sagt, dass wir jetzt lieber alle nach Hause gehen und die ganze Angelegenheit vergessen sollten, auch wenn sich einige ein bisschen danebenbenommen hätten, zum Beispiel wäre es ja keine Art, harmlose Kinder mit dem Baseballschläger zu bedrohen. Aber da hat Paul sich verschätzt, der Dorsch hat keine Lust, Davids Mutter zu vergessen, er will sie sogar kennenlernen. Sie soll uns abholen kommen, fordert er, jetzt sofort.

David wendet ein, dass es für die Beziehung zu seinem Vater nicht gut wäre, wenn er versucht, seine Mutter mit einem fetten Kioskbesitzer zu verkuppeln, der nach altem Fisch riecht. Er hat auch so genug Ärger, sagt er. Der Dorsch ist beleidigt und sagt, dass er jetzt die Polizei holt.

»Wir würden dann aber behaupten müssen, dass Sie nach Ladenschluss Pornos an Minderjährige verkaufen«, sagt Paul vorsichtig. »Und das wäre nicht so gut für Sie.« Kein Wunder, dass Paul lieber unter dem Tisch sitzen geblieben ist, der Dorsch bekommt einen roten Kopf und schnappt empört nach Luft, aber Paul hat recht. Die Sache klingt nicht so unwahrscheinlich, wenn man den Dorsch ein bisschen kennt. Er hat nämlich nicht den besten Ruf, weil an seinem Büdchen schon morgens die ganzen Betrunkenen stehen, und die sind kein Umgang für uns, sagen unsere Eltern. Wir nicken fleißig, und David sagt: »Tut uns leid.« Der Dorsch glotzt uns an.

»Wir sind zu dritt und gehen aufs Gymnasium«, sage ich, weil ich nicht weiß, womit ich ihm sonst hätte drohen können. Der Dorsch wird ernsthaft wütend und haut mit dem Schläger auf den Tisch, dass es kracht. Paul duckt sich, kneift die Augen zu, holt tief Luft und sagt dann mit betont fester Stimme: »Wir werden jetzt gehen.« Er krabbelt unter dem Tisch hervor, stolziert Richtung Ladentür, die Nase

hoch in der Luft, bestimmt hat er das in einem Film gesehen. Paul sieht wirklich ziemlich entschlossen dabei aus,
wenn man davon absieht, dass seine Knie manchmal nach-
geben. David und ich gehen genauso hinter ihm her, mit
wackelnden Knien und Nasen hoch in die Luft gestreckt,
und der Dorsch brüllt uns hinterher, dass wir uns bei ihm
nie wieder blicken lassen dürfen, aber das haben wir eh
nicht vor. Das haben wir gar nicht nötig.

Wir werden einfach an Jans Schwester denken, die hat
bestimmt nichts dagegen.

BERGE DES WAHNSINNS

Das Problem ist Folgendes: Unsere Putzfrau ist verschollen. Es ist nun schon Wochen her, dass wir ihren Presslufthammer geschäftig durch unsere Wohnung haben brausen hören. Auch Rüdiger Nehberg hat keine Ahnung wo sie stecken könnte. Er macht derzeit ein Praktikum unter meinem Bett und ernährt sich nur von dem, was er dort findet.

Immerhin kommt unsere Putzfrau aus dem Irak, kennt sich also in Krisengebieten aus und behält auch in ausweglosen Situationen, wie zum Beispiel unserem Badezimmer, die Nerven. Sie kommt immer unangemeldet und arbeitet gern nachts, es sei denn, wir können am nächsten Tag ausschlafen, dann kommt sie lieber am frühen Morgen. Trotzdem machen wir uns langsam wirklich Sorgen.

Unsere Wohnung ist nämlich sehr groß, wenn auch nur in Teilen begehbar. Im Frühjahr sind die Pässe gesperrt, weil dann der Frost aus dem mannshohen Büchergeröll entweicht, das in bizarren, aber bibliothekarisch hochinteressanten Formationen den Weg ins Wohnzimmer versperrt. Seit dem großen Regalunglück von 2006 führt der einzige Weg über eine notdürftig aus Bänden der Propyläen-Weltgeschichte aufgeschichteten Stiege gen Flurfenster, von dort aus hangelt man sich über einen bröckelnden Sims an der Hausfassade gen Norden, bis man den vergleichsweise festen Tritt der Starkstromleitungen unter den Füßen hat, wobei freilich darauf zu achten ist, dass man mit den Füßen auf den Isolatoren bleibt, wenn man auf und ab wippt, um den Sprung durch das Fenster ins Wohnzimmer zu schaffen.

Aber unsere Putzfrau wäre nie so vermessen, die abenteuerliche und gefährliche Reise ohne Flöttjol, unseren Bergführer, zu unternehmen. Flöttjol wohnt mit seinen Maultieren auf einem Hochplateau aus Bildbänden am großen Billybruch, dort, wo im Herbst 2006 ein ganzes Regal zu Tal gerauscht ist. Niemand weiß, wo Flöttjol hergekommen ist, am Tag nach dem großen Regalunglück war er einfach da. Die Sage geht, dass er sich aus Regalresten selbst zusammengedübelt hat, zumindest haben wir eine Gebrauchsanleitung von Ikea gefunden, die auf Flöttjol passt, aber das erklärt noch lange nicht die Maultiere.

Im Wohnzimmer ist unsere Putzfrau jedenfalls nicht, eine unberührte, zentimeterdicke Staubdecke liegt wie ein Leichentuch über dem gruftartigen Raum, den wir gerne an Filmgesellschaften vermieten, wenn die mal was in einem Pharaonengrab drehen wollen.

Vielleicht ist unsere Putzfrau von einer der riesenhaften Staubmäuse im Flur angefallen und verschleppt worden oder hat sich in einem der Spinnennetze in der Küche verfangen, die wie zerrissene Segel von der Decke hängen und dem Raum die unheimliche Anmutung eines Geisterschiffes geben, das, nur noch von bösen Geistern bewohnt, in der ewigwährenden Flaute der Saragossa-See dümpelt. Zahlreiche unvorsichtige Küchenbesucher haben in den staubigen Gespinsten bereits den Tod gefunden oder sind umgekommen, weil sie von den verbotenen Früchten unserer Vorratskammer gekostet haben.

»Guck ma, eine Fischkonserve aus meinem Geburtsjahr«, hörte ich einstmals einen Kameraden seine letzten Worte rufen. Die giftigen Miasmen, die aus unserer Spüle dampfen, hatten ihn um den Verstand gebracht.

Ich sah den Wahnsinnigen noch am Nippel der grotesk aufgeblähten Dose reißen und konnte mich geistesgegenwärtig hinter den Wall aus Sandsäcken retten, der unsere Waschmaschine daran hindern soll, während ihres Schleudergangs in unserem Viertel Amok zu hoppeln.

Die Explosion war gewaltig und verstreute unser Küchenmobiliar über mehrere Erdteile, riss aber glücklicherweise auch die verkarsteten Sedimente auf, die sich auf einem über Jahre gewachsenen Flöz aus Altglas an der Westseite der Küche gebildet hatten.

Ein ganzes Jahr lang bauten wir das wertvolle Pfand ab, bis wir auf einmal schwache Klopfzeichen hörten. Sollte es in dieser gläsernen Wüstenei tatsächlich Leben geben, frugen wir uns und schüttelten sogleich die helmbewehrten Köpfe.

»Die Klopfzeichen kommen aus dem Kühlschrank, das tun sie nun schon seit Jahren«, sagte Herr N., der Furchtloseste von uns. Er bewohnt das Zimmer gegenüber der Küche und behauptet, diesen Teil der Wohnung wie seine Westentasche zu kennen, dabei verfranst er sich sogar dort und muss von seinem Schneider dann wieder mühselig herausgetrennt werden.

Manchmal wagt sich Herr N. dennoch des Nachts alleine in unsere Küche, um sich an dem Anblick der fluoreszierenden Pilze zu erfreuen, die aus der feuchten Wand zum Badezimmer wachsen.

Auf der anderen Seite der Wand bietet unsere Badewanne einer mannigfaltigen Fauna Habitat und Rückzugsraum, aber seit Herr F. anlässlich der mehrtägigen Feierlichkeiten zu seinem Wiegenfest die Biervorräte darin zu kühlen geruhte, sind deren Dichtungen gerissen, sodass ein Osmoseverhältnis mit der Küche entstanden ist, die wir deswegen gelegentlich als Erlebnisbad vermieten. Die Wasserspiele sind wirklich spektakulär, wenn drüben jemand duscht.

Das Badezimmer hingegen ist eine Oase der Ruhe und gilt als größte zusammenhängende Grünfläche Nordrhein-Westfalens. Alleine die Quietscheenten-Population macht uns Sorge, sie hat sich wegen des reichhaltigen Nahrungsangebotes schlagartig vergrößert. Aber immerhin fressen die Biester das Moos von den Kacheln.

»Diese Pilze schmecken köstlich nach Shampoo«, behauptet Herr N. und die Wirkung sei auch nicht ohne. Ich habe den Verdacht, dass er sich mittlerweile ausschließlich von ihnen ernährt. Neulich hat er davon gefaselt, den Kühlschrank öffnen zu wollen, weil er das Geheimnis der Kratzspuren an der Innenseite der Tür lüften wolle.

»Das ist doch Irrsinn!«, habe ich gerufen. »Etwas Böses

wohnt in unserem Kühlschrank. Es ist pelzig und grün und soll vor Urzeiten einmal ein Joghurt gewesen sein.«

Nur mit äußerster Kraft gelang es mir, den kühnen Naturforscher zu Boden zu ringen, hatte er sich doch dem äußerst angriffslustigen Elektrogerät bereits auf Rufweite genähert.

Das weiße Monstrum brummte böswillig, und seine rotglühenden Augen verhießen höchste Froststufe, doch konnte es unsere Witterung nicht mehr aufnehmen, da wir uns bereits in die Ritzen des Dielenparketts gezwängt hatten, die bei unserem Einzug in dieser Ausdehnung auch noch nicht vorhanden waren. Die Plattentektonik unserer Wohnung musste sich verschoben haben.

»Ich habe mein Fahrrad wiedergefunden«, freute sich Herr N. höchst unbedacht aus der Nebenritze. »Schweig still«, flüsterte ich, während das Mordsgerät über unseren Köpfen nach Beute suchte. »Wenn er sich aufregt, verbraucht er noch mehr Strom. Und dann müssen wir ihn abschalten, dabei ist er doch der Letzte seiner Art.«

Das mächtige Kühlgerät ließ zischend eine Wolke FCKW hinter sich, verfügte sich dann aber wieder sacht brummend auf seinen angestammten Platz, sodass wir unsere Arbeit wieder aufnehmen konnten. Mit Schaufel und Spitzhacke gruben wir den Klopfzeichen entgegen, bis wir den Eingang zu einer Höhle freilegten, deren Wände aus einem funkelnden Gestein bestanden, zu dem der gewaltige Druck der darüberliegenden Massen die Flaschen und Weckgläser gefaltet hatte.

In dieser Blase trafen wir zu unserer großen Überraschung die verschollen geglaubten Gäste unserer Silvesterfeier zur Jahrtausendwende wieder. Sie waren allerbester Stimmung, hatten sie sich doch ausschließlich von Bier- und Weinresten ernährt, die ihnen von gläsernen Stalaktiten direkt in den Mund tropften. Überschwänglich begrüßten sie uns, schwenkten ihre Partyhütchen, zeigten sich jedoch feindselig, als wir erklärten, zu ihrer Rettung erschienen zu sein.

»Prost Neujahr«, brüllten sie uns wütend entgegen. Bis auf einige Phrasen hatten die Höhlenbewohner ihre Sprachfähigkeit eingebüßt, und wir mussten wir erkennen, dass sie sich auch körperlich ihrer Umgebung angepasst hatten: Ihre Münder waren zu Saugrüsseln ausgestülpt, die Augen dagegen hatten sich zurückgebildet. Sie waren nur mehr in der Lage, sich in geschlossener Polonaiseformation vorwärts zu bewegen, während ihr Anführer, in dem ich meinen früheren Anwalt Herrn B. zu erkennen glaubte, lauthals schweinische Lieder brüllte, um seinem Stammesverband die Marschrichtung anzuzeigen.

Schweren Herzens nahmen wir Abschied von den bizarren Geschöpfen, die einstmals unsere Freunde gewesen waren, doch als wir uns anschickten, den Zugang zu ihrer Höhle wieder zu verschließen, sah ich die Tränen in den Augen meines treuen Mitbewohners. Von einem solchen Leben habe er immer geträumt, gestand er mir, und so hieß cs, auch von ihm Abschied nehmen.

Bei der Suche nach unserer Putzfrau war er ohnehin keine große Hilfe gewesen:

In seiner archaischen Vorstellungswelt war eine »Putzfrau« ein gefährlicher Dämon, der bloß Unbill und Lärm über die Welt bringt, obwohl man ihm wöchentlich sein

Taschengeld opfert. Einen solchen absichtsvoll aus seiner Schattenwelt zu locken, das war ihm stets widersinnig und gefährlich erschienen.

Anfangs hatten wir freilich alle nicht gewusst, was eine Putzfrau überhaupt sein sollte. Man hatte uns lediglich hinterbracht, dass wir dringend eine benötigten.

»Ein Putz ist ein Zement-Kalkhydrat, mit dem man Wände abdichtet«, wusste Herr F. zu berichten, der von uns allen das absurdeste Faktenwissen in seinem Kopf herumtragen muss. »Aber was zum Teufel ist eine Frau?«

Wir anderen zuckten ratlos mit den Schultern und gaben das geheimnisvolle Wort »Frau« bei Google ein. »Ich kenne diese Wesen, ich habe von ihnen geträumt«, rief ich, als die verheißungsvollen Bilder vor unseren Augen auftauchten, und wir jubelten, bis uns die Stimmen versagten. In dieser Nacht schliefen wir unruhig und wie von Fieberträumen geschüttelt, erwachten aber dennoch mit frischem Mut und eigentümlicher Körperspannung.

Eine Frau einzustellen, die in unserer Wohnung mit Mörtel herumwirft, das schien uns eine sinnvolle Investition sowie eine ästhetische Bereicherung.

Umso erstaunter waren wir, als sich diese Frau schließlich als gedrungene Person mit tiefschwarzen Schnurrhaaren und pfannengroßen Händen herausstellte, die sich lediglich knurrend zu verständigen schien.

»Guten Tag, Frau«, rief Herr F. dennoch erfreut aus und wollte sie mit einer Girlande schmücken, die er aus Eigenhaar gewirkt hatte, doch das fremdartige Geschöpf bellte ablehnend und machte sich umstandslos an unserem

Staubsauger zu schaffen, den wir bei einem Raubzug erbeutet und als Trophäe an die Wand genagelt hatten.

»Er ist tot, ich habe ihn erlegt«, erklärte Herr N. damals, was nicht ganz stimmte. Er war lediglich nach einer Feier mit diesem Gerät im Arm aufgewacht.

Trotz seines furchteinflößenden Äußeren ist Herr N. ein weichherziger Geselle, und oftmals hatte ich ihn, wenn er sich unbeobachtet wähnte, den Sauger von der Wand nehmen, ihn sacht auf ein Kissen betten und immer wieder mit der Nase anstupsen sehen, doch hatte das Gerät nie auch nur den leisesten Ton von sich gegeben.

Doch nun heulte es grässlich auf, peitschte wie von Sinnen mit seinem mächtigen Schweif und hätte um ein Haar unseren wackeren Mitbewohner Herr N. verspeist, der sich mit einem Sprung hinter das Sofa in Sicherheit brachte, wo er den Rest des Jahres verblieb.

Mittlerweile weiß ich, dass ein Staubsauger bloß eine seelenlose Maschine ist, aber wenn ich ihn mit Kartoffelschalen und Schlachtabfällen füttere, brummt er ganz glücklich und fällt mich nicht an, wenn ich an seiner Behausung vorbeischleiche.

Auch unsere Putzfrau wurde langsam zutraulicher, schon bald getraute ich mich, ihr unbewaffnet gegenüberzutreten, und wann immer sie ein Hornissennest oder ein Nest illegaler Mitbewohner auszuräuchern hatte, ließ sie mich das Reisig anfachen und mit Wasser übergießen, damit es heftig qualmte.

So lernte ich über die Jahre die wichtigsten Grundbegriffe des Putzens. Namentlich im Roden und Sprengen sowie der Teppichhude zeigte ich mich gelehrig, wenn sich mein Wirken auch auf die theoretische Betrachtung beschränkte.

Es waren gute, lehrreiche Jahre. Unsere Putzfrau machte die Wohnung urbar, während ich mit meiner Botanisiertrommel neben ihr herlief und den Wissensschatz der Welt bereicherte, indem ich nicht nur die seltenen Schmutzformationen meiner Heimat in Acrylharz goss, sondern auch selbst welche herstellte, um deren Beseitigung protokollierend zu überwachen. Alles, was die moderne Putzwissenschaft heute beispielsweise über die Beseitigung hartnäckiger Teerflecken weiß, hat sie meinen Versuchsanordnungen zu verdanken.

Zu ihrem dreijährigen Dienstjubiläum konnte ich unserer Putzfrau endlich eine schweinslederne Ausgabe meiner zwölfbändigen »Theorie der Putzkunst« übereignen, und ich meine, es seien Tränen der Rührung gewesen, die da in ihren Augen glitzerten. Seit diesem Tag ist sie jedenfalls verschollen.

DER HERRSCHER VON MEGARA

Es ist Ende Juli, ich schaue seit zwei Wochen aus dem Fenster und versuche herauszufinden, was dieses Wetter zu bedeuten hat.

»Ich glaube, Gott will uns sagen, dass wir eine Arche bauen sollen«, behaupte ich schließlich.

»Ich rede nicht mehr mit Gott«, antwortet meine Freundin. »Nicht bevor er dieses Wetter ausgemacht hat.«

Ich wusste gar nicht, dass meine Freundin überhaupt gläubig ist, aber dieser Sommer setzt uns allen zu. Unsere Nachbarn haben neulich ihren Dackel auf einem selbst gebastelten Altar geopfert, damit der Regen endlich aufhört. Vergebens.

Eine dicke, graue Wolke fällt mit einem satten Platscher vom Himmel.

»Jetzt machen sich die Dinger schon nicht mal mehr die Mühe, ordnungsgemäß abzuregnen«, rege ich mich auf, während eine Schlammlawine auf unser Haus zurollt.

Zwar hatten wir beschlossen, in diesem Sommer mal zu

Hause zu bleiben, aber damit war nicht zwingend unser eigenes Wohnzimmer gemeint.

Ich fühle mich an die großen Ferien von 1979 erinnert, die ich als Vierjähriger mit meiner Familie vollständig in einem dänischen Einzimmerapartment verbrachte, weil die kleine Regenfront, die uns bei der Ankunft empfing, nach drei Wochen immer noch nicht abgezogen war.

Ich war ein sehr ungeduldiges Kind, das zudem in der pädagogisch schwierigen Epoche nach Abschaffung der Prügelstrafe, aber vor dem Siegeszug kleinformatiger Unterhaltungselektronik aufwuchs, insofern war ich bei langen Autofahrten meinen Eltern gegenüber taktisch im Vorteil. Außerdem dachte man in den späten Siebzigern noch, Hyperaktivität sei vollkommen normal bei Kindern, die mehrere Stunden still sitzen müssen. Gut, dass die Pharmabranche dieses Missverständnis mittlerweile ausgeräumt hat.

Als Sedativ hatten wir bloß einen Kassettenrekorder zur Verfügung, der stündlich mit einem Fuder armdicker Batterien gefüttert werden musste, außerdem war eine Hui-Buh-Kassette im Schacht stecken geblieben, sodass auch auf den längsten Autofahrten ausschließlich dieser Tonträger zu Gehör gebracht wurde, meist unterlegt vom leisen Gewimmer meines Vaters, der mittlerweile tatsächlich Angst vor dem Gespenst zu haben schien.

Den Kassettenrekorder hatten wir diesmal jedoch zu Hause lassen müssen, weil er beim Packen des Wagens beschädigt worden war, jemand hatte ihn versehentlich mehrfach mit dem Auto überfahren.

»Ein bedauerlicher Unfall«, hatte mein Vater gesagt

und war ausgelassen auf den Scherben des Gerätes herumgetanzt. So glücklich hatte ich ihn lange nicht mehr gesehen.

Während der Autofahrt wurde bei uns meist gelesen: Meine ältere Schwester las, meine Mutter las und mein Vater las irgendwann auch, bis meine Mutter ihm beherzt ins Steuer griff, weil der Tanklaster links vor uns die Spur zu wechseln drohte.

Ich konnte noch nicht lesen und saß festgeschnallt im Fond unseres beigen Ford Granada, wobei mein Kindersitz verdächtig jenem Gerät ähnelte, mit dem Hannibal Lecter im *Schweigen der Lämmer* durch die Gegend gefahren wurde. Erst Jahre später sollte ich herausfinden, dass Knebel, Kettenschlösser und Handschellen nicht unbedingt serienmäßig zur Ausstattung von Kindersitzen gehören. Ich war, wie gesagt, ein recht lebhaftes Kind.

Heutige Eltern greifen aus humanitären Gründen lieber zu Psychopharmaka, um ihr Kind reisefertig zu machen, aber damals pflegte meine Mutter prophylaktisch alle verfügbaren Beruhigungstabletten selbst einzunehmen, um den Navigationskünsten meines Vaters standhalten zu können.

Der bestand nämlich darauf, die richtige Autobahnabfahrt anhand der Konstellation der Gestirne zu bestimmen. Und das am helllichten Tage. Das hatte er so oder ähnlich in einem seiner Abenteuerromane gelesen, die er herkömmlichen Straßenkarten vorzog.

Bald schon würden wir die dänische Grenze passieren, versprach mein Vater kurz nach der Abfahrt, er kenne da nämlich eine Abkürzung in den Norden.

Meine Mutter stöhnte auf, teilte ihre letzten Pillen mit uns und machte schon einmal die Scheidungspapiere fertig, während die Landschaft draußen immer gebirgiger wurde und unser Ford über unbefestigte Passstraßen bretterte, bis wir von freundlichen Menschen in Lederhose und Dirndl am Straßenrand gegrüßt wurden, die ihre Kühe auf die Alm trieben.

Wir befänden uns jetzt etwa auf der Höhe von Hannover, teilte unser Vater voller Überzeugung mit und beklagte den schlechten Zustand der A7.

Am Fuße der Alpen, die mein Vater zum Harz erklärt hatte, war er rationaler Argumentation dann endgültig nicht mehr zugänglich. Er saß mit stierem Blick hinter dem Lenkrad, faselte etwas vom »Durchbruch zur Ostsee«, der unmittelbar bevorstehen müsse, und drohte, meine Mutter wegen Zweifel am Endziel vor das Kriegsgericht zu stellen.

Als wir auf dem Gipfel des Brenners angekommen waren, putschte meine Mutter endlich und entband meinen Vater seines Kommandos. Eigentlich hatte sie ihn wie Captain Bligh von der Bounty an Ort und Stelle aussetzen wollen, doch dann tat sie etwas wesentlich Perfideres, über das ich bis heute strengstes Stillschweigen bewahrt habe.

Sie zwang meinen Vater, nach dem Weg zu fragen.

Mein Vater diskutiert bis heute mit seinem Navigationsgerät und wird besonders renitent, wenn ihm die Frauenstimme den Weg erklären will, trotzdem ist er mittlerweile vergleichsweise altersmilde geworden, aber damals galt: Ein Mann fragt nicht nach dem Weg, er fährt einfach weiter.

Man könne sich gar nicht verfahren, behauptete mein Vater immer, die Erde sei schließlich rund und ein Urlaubsort letzten Endes genauso gut wie jeder andere. Und in der Tat hatte es stets etwas erfrischend Unkonventionelles, nur mit Luftmatratze und Badehose bekleidet die hohe Tatra zu erkunden, weil mein Vater partout wieder nicht nach dem Weg zum Strand hatte fragen wollen.

Trotzdem galt das Verbringen der Familie in den Urlaub als Männerarbeit, und meine Mutter griff erst ein, wenn Gefahr für Leib und Leben bestand, also meist auf der Hälfte der Strecke.

Und so steuerte mein entmachteter Vater den nächsten Parkplatz an, auf dem bereits zahllose entkräftete Familien in ihren Autos lungerten, deren Oberhäupter gesenkten Hauptes über den Platz schlurften, um möglichst unauffällig nach dem Weg zu fragen.

Zunächst belauerten sie einander bloß mit Blicken, unfähig, auch nur ein Wort zu sagen, doch nach einigen Stunden fasste sich ein untersetzter Mann ein Herz und verlangte zu wissen, ob dies der Fähranleger nach Dover sei. Die Frage wurde eifrig diskutiert und schließlich mit knapper Mehrheit verneint. Damit war das Eis gebrochen.

Bald schon hatten die Familienväter den gesamten Parkplatz mit Kartenmaterial ausgelegt und schoben mit wichtigen Mienen die Matchboxautos ihrer Kinder darauf herum, als gelte es, Divisionen in die Schlacht zu werfen, während ihre Frauen ein aufgelassenes Alpinistenlager am Fuße eines nahe gelegenen Gletschers vom Schnee befreiten und zur Nacht richteten. Denn damals gab es das noch, den Gletscher und die Hausfrauenehe.

Nach zähen Verhandlungen hatten meine Eltern eine Kompromissformel ausgearbeitet, die eine Fortsetzung der

Fahrt erlaubte: Man habe sich zwar etwas zu weit südlich orientiert, aber dafür alle gefährlichen Staus umfahren, und mein Vater stimmte sogar dem Erwerb einer Autobahnkarte zu. Als das Mittelmeer in Sichtweite kam, konnte meine Mutter ihn sogar davon überzeugen, die Karte andersherum zu drehen und die Fahrtrichtung zu ändern.

Die restliche Fahrt nach Dänemark verlief dann ohne Zwischenfälle, wenn man von den Scharmützeln absah, die meine Schwester und ich um den Einflussbereich auf der Rückbank führten, bis meine Mutter bei Helmstedt günstig ein Stück gebrauchter Grenzanlage erwerben konnte, das zwischen uns montiert wurde.

Am Ferienort angekommen, wechselten wir im strömenden Regen von der Fahr- in die Wohnkabine, behielten die Sitzordnung aber weitgehend bei. Auch die Freizeitgestaltung war übersichtlich: Meine Familie las und ich saß, und zwar festgeschnallt in meinem Kindersitz, bis ich eine der täglichen Fütterungen zur Flucht nutzen konnte, um mich fortan dem Hopsen und Plärren zu widmen.

Nach zwei Wochen des Hopsens und Plärrens beschloss mein Vater spontan, dass ich mit vier Jahren nun alt genug sei, um Alkohol zu trinken, wenn ich davon bloß ruhiger würde, und beinahe hätte er meine Mutter davon überzeugt, zumal ich schon erste Anzeichen von Hospitalismus zeigte.

Wir hatten zwar jede Menge Strandspielzeug mitgenommen, aber nur ein einziges Comicheft zu meiner Indoor-Erbauung, und zwar ein ganz dünnes von Captain Future. Dieses musste mir dennoch mehrmals am Tag vorgelesen werden, weil ich mich sonst schreiend auf den Boden zu werfen pflegte, und wer je als Erwachsener Kindern Comichefte vorlesen musste, weiß, wie demütigend diese Prozedur ist, weil man allenthalben »Peng« und »Ächz« sagen muss und die Dialoge in Echtzeit gelesen von dröhnender Eintönigkeit sind, wie zum Beispiel der gleich folgende Originaldialog aus der Folge »Der Herrscher von Megara«:

Stellen Sie sich dazu, grobkörnig und in leicht vergilbtem Technicolor, eine Familie in einem winzigen Raum vor, abgeschnitten von jeder Fluchtmöglichkeit, daneben ein wie geisteskrank hopsendes Kleinkind mit Comicheft und schier unerschöpflichem Energievorrat. Der Vater trägt übrigens eine wuchtige Hornbrille zu ebenso wuchtigen Koteletten, die Mutter die alte Frisur von Agneta Fältskog auf, während die Kinder wegen ihres identischen Topfschnittes nur anhand der Größe zu unterscheiden sind.

Das kleinere Kind, seiner Mutter das Heft unsanft ins Gesicht stoßend: »Vorlesen!«

Die Mutter, als Bürgertochter der Nachkriegszeit im Genre »Comic« unerfahren, aber geschult am klassischen Drama, erklärt seufzend, aber detailliert: »Also gut, Captain Future tritt von links ins Bild und spricht zum Herrscher von Megara, der im Halbprofil zu sehen ist: ›Sind Sie der Herrscher von Megara?‹«

Um den Darstellern die Arbeit zu erleichtern, hat die Mutter mittlerweile sämtliche Sprechblasen in verschiedenen Farben markiert. Daraufhin der Vater, die bereits mehrmals durchgearbeitete FAZ von letzter Woche weglegend, übellaunig brummend: »Ja, ich bin der Herrscher von Megara. Ich werde diesen Planeten vernichten.«

Die Mutter der Vollständigkeit halber kommentierend: »Der Herrscher von Megara geht seitlich ab«, darauf zum

Vater: »Nicht im Stillen weiterlesen, Horst«, worauf der das Heft ertappt aus der Hand gibt. Die ältere Schwester schließlich, nach mehrmaliger Aufforderung, mit ebenso viel Hass wie Langeweile in der Stimme eine gebrochene Joan Landers gebend, die das bisher Geschehene zusammenfasst: »Oh, der Herrscher von Megara. Er will diesen Planeten vernichten.«

Dann verfallen die Darsteller wieder in apathisches Brüten, während das Kind vor Begeisterung im Quadrat hopst und umgehend Wiederholung fordert.

Meine gesamte Familie kann das Heft bis heute auswendig hersagen, aber sie weigern sich, den Namen »Captain Future« auch nur in den Mund zu nehmen, wie auch der ganze Urlaub aus der Familienchronik getilgt worden ist. Meine Schwester weigert sich bis heute anzuerkennen, dass es überhaupt ein Land namens Dänemark gibt.

Dass ich damals nicht postnatal abgetrieben wurde, ist ein Wunder, aber ich glaube, ich bin damals von »Wunschkind« auf »Betriebsunfall« zurückgestuft worden. Auf jeden Fall haben meine Eltern nach der Reise Himmel und Hölle in Bewegung gesetzt, damit ich möglichst früh eingeschult wurde, außerdem durfte ich sehr früh alleine in den Urlaub fahren.

»Komm, wir fahren nach Dänemark«, sage ich deswegen zu meiner Freundin. »Ich weiß eine Abkürzung.«

WELTHERRSCHAFT UND MARKTFORSCHUNG MIT SEEPOCKEN-FRANK

»Tango, Delta, Foxtrott. Lass uns den Vogel jetzt runterbringen, over and out«, sprach ich in mein Mikrofon, aber meine neuen Kollegen würdigten mich keines Blickes, dabei trugen auch sie diese schicken Freisprechanlagen, die ich bisher nur aus Katastrophenfilmen kannte, in denen ein wackerer Fluglotse einer blonden Stewardess beim Landen eines Jumbojets behilflich sein muss, weil der Rest der Besatzung von einem fiesen Virus befallen ist oder sich in der Hand skrupelloser Entführer befindet. Außerdem ist eine Bombe an Bord, was sich aber erst herausstellen wird, wenn die Stewardess im Dschungel oder auf einer winzigen Eisscholle gelandet ist, aber so weit waren wir hier noch nicht, und ich war auch nicht sicher, ob sich wirklich derart Abenteuerliches ergeben würde.

Ich war nämlich kein Fluglotse, sondern frisch rekrutierter Telefonmann bei einem Institut für Meinungsumfragen und könne mir deswegen die Witze sparen, sagte mein Chef.

Mein Chef hatte sich als »der Andi«, ich mich jedoch

nach alter Väter Sitte als »Herr Bartel« vorgestellt. Jetzt sagte ich »der Andi« und »Sie«, während der Andi mich duzte, aber trotzdem mit »Herr Bartel« ansprach, was unserer ganzen Unterhaltung eine recht putzige Kindergartenatmosphäre verlieh, die den Andi jedoch sichtlich verunsicherte. Außerdem hatte der Andi gefragt, ob ich bereit sei, mich zu committen, worauf ich geantwortet hatte, dass ich allenfalls Suizid zu committen imstande, aber nicht willens sei, denn es gehe mir insgesamt rechtschaffen gut, danke der Nachfrage.

Eine Meinung haben, das könne ich dagegen, erklärte ich dem Andi und fragte ihn, ob es in dem von ihm annoncierten Gewerk denn nicht um Meinungsaustausch gehe. Genau genommen, fuhr ich fort, gäbe es kaum ein Thema, zu dem ich mir nicht aus dem Stand eine Meinung zusammenkratzen könne, oft könne ich sogar mit mehreren widerstreitenden Meinungen zu einem einzigen Thema aufwarten, brüstete ich mich und band dem Andi einen bunten Strauß vielfältigster Meinungen zu diversen Themen von Deutscher Einheit bis Schwangerschaftsabbruch zusammen, die ich allesamt im Brustton der Überzeugung vortrug, bis der Andi behauptete, dass es nun genug sei, außerdem gehe es bei ihnen eher um Marktforschung. Dabei beklopfte er aber eingehend meine Schulter und bezeichnete mich als »witzig«.

Da ahnte ich schon, dass wir nicht eben auf dem besten Fuß miteinander stehen würden, ließ mir aber außer einem unwilligen Knurren nichts anmerken, als der Andi mich zu meinem künftigen Arbeitsplatz führte.

Die praktische Einweisung überließ er jedoch einer gewissen Elena, einer quarktaschigen und anämischen Person, die seit Wochen kein Tageslicht mehr gesehen haben konnte und von einer Wolke säuerlicher Ausdünstungen umgeben war, die sich zu gleichen Teilen aus aufgestoßenem Filterkaffee, hastig gerauchten Zigaretten und milchsaurem Schweiß zusammensetzte.

»Weise mich ein in die arkane Kunst des Meinungsumfragens, oh Schöne der Nacht«, sprach ich die saure Elena schwungvoll an, doch auch diese galante Bemerkung zerschellte an einer Miene, die eisern zu nennen das Periodensystem verhöhnen hieße. Nur soviel: Mir wurde ein Blick zuteil, mit dem man eine Kernschmelze hätte auslösen oder die nördlichsten Häfen der Sowjetunion auch im tiefsten Winter hätte eisfrei halten können. Ich erzähle dies nur, um anzudeuten, welch großartige Talente manchmal in geistlosen Tätigkeiten verschleudert werden.

»Wenn man hier ranklotzt, kann man ganz schön Kohle machen«, sprach die eiserne Elena nun ihrerseits, sie selbst sei seit einem Monat hier und reiße jeden Tag ihre acht, neun Stunden ab, aber wichtiger als die reine Arbeitszeit, deren Stundenlohn tatsächlich nicht ins Gewicht falle, sei die Zahl der abgeschlossenen Interviews, die man in der Stunde schaffe, da sei einiges rauszuholen.

Und während Elena mir erklärte, wie man aus unwilligen oder ausschweifenden Gesprächspartnern möglichst schnell exakt jene Meinung extrahiere, die von den Auftraggebern der Studien als erwünschte in den Antworten der Multiple-Choice-Bögen versteckt worden war, verfiel sie in ein Schnurren und Singen, ein Gurren und Locken, das mir ganz anders wurde.

Bald war ich bereit, mich aufs Äußerste zu committen, erschien mir die Frau mit den dunklen Locken auf der Oberlippe, die mir bis dahin als recht verbaute Person bar jeden Liebreizes aufgefallen war, doch plötzlich als begehrenswertestes Geschöpf, wenn schon nicht unter der Sonne, dann zumindest als lieblichster Hauch, der je eine Sommernacht umflorte. Ich sank, schmolz und schmachtete dergestalt, dass sich ein buttriger Fleck unter mir bildete.

»Elena, ich liebe Sie«, hauchte ich und umfasste ihre alabasterne Hand.

»Das ist bloß meine Telefonstimme, du Vollhorst«, raunzte die eben noch Angebetete wie ein asthmatischer Storch und zog ihre labbrige, vom Nikotin vergilbte Flosse zurück.

»Ach«, sprach ich zutiefst enttäuscht, dass die zaubrische Schönheit der Elena nur akustisches Blendwerk gewesen war, aber auch begeistert von den mannigfaltigen Talenten meiner Vorarbeiterin. Für diese sirenengleiche Stimme, die jeden Schiffer im Umkreis von circa allen sieben Weltmeeren unweigerlich anlocken und ins Verderben stürzen konnte, müsste sich doch ein interessanteres Einsatzgebiet als die schnöde Marktforschung finden. Und ich hatte da auch schon eine vage Vorstellung.

»Elena, möchten Sie mit mir zusammen die Welt beherrschen?«, fragte ich deswegen, doch sie schüttelte den Kopf.

Sie habe zwei Kinder durchzubringen und tauge deswegen nicht recht als Weltenherrscherin, beschied sie mir mit stillem Lächeln und entschuldigte sich gar, mein Angebot aus Zeitmangel ablehnen zu müssen, zumal sich der Andi wieder hinter uns aufbaute, höchst albern in seinen Troddelslippern herumwippte und herrisch zu wissen verlangte, ob wir etwa hier seien, um Konversation zu betreiben, was ich mit Hinweis auf die Stellenbeschreibung bejahte, woraufhin er zu wissen verlangte, ob ich mir besonders schlau vorkomme.

»Eine heikle Frage, mein lieber der Andi«, antwortete ich. »Lassen Sie mich kurz darüber nachdenken«, aber dazu kam ich nicht mehr, denn der Andi stellte mich brüsk vor die Wahl, entweder sofort mein Tagwerk zu beginnen oder mich zu trollen.

Normalerweise hätte ich mich ohne Umschweife fürs Trollen entschieden, doch hatte ich bereits den jüngst verblichenen Sommer dieser guten und lehrreichen Beschäftigung gewidmet, sodass meine Finanzlage ein weiteres Herumtrollen nicht zuließ, so verlockend das Angebot auch sein mochte.

»Ich bin ganz bereit, mein lieber guter der Andi«, sagte ich also. »Werfen Sie nur Ihr engmaschigstes Telefonnetz aus, auf dass sich meinungsfreudige Fischlein darin verfangen mögen, ich werde Ihnen ein guter Fahrensmann und eifriger Fischer sein.«

Begütigend tätschelte ich ihm die Hand, aber natürlich hatte ich nicht die geringste Ahnung von den Gepflogenheiten des Handwerks, da mich die Stimme Elenas zu Gestaden getragen hatte, die lichter und heiterer gewesen waren als die Vermittlung dieser öden Dienstleistung es je hätte sein können, und nun hockte die große Verführerin wieder diensteifrig, aber unerreichbar in ihrer Nische und betörte den nächsten Kunden mit ihrer zart schmelzenden, doch lebhaft glucksenden Stimme, die aus dem verhärmten Gesicht perlte wie ein labendes Rinnsal inmitten bitterster

Wüstenei. Dabei stellte sie bloß dämliche Fragen über Versicherungspolicen, verdammt.

Und nochmals verdammt, ich begann schon wieder zu tropfen, während sich mit sanftem Pluckern eine Leitung aufzubauen begann, weil ich versehentlich irgendeinen Knopf auf der Telefonanlage gedrückt hatte.

»Günther Paleschke«, bellte es darauf aus der Leitung, während ich verzweifelt versuchte, die Verbindung wieder zu unterbrechen. Emsig hämmerte ich auf Telefon und Rechnertastatur herum, zeitigte aber nur wenig zufriedenstellende Ergebnisse. Zunächst verschwand bloß der Fragebogen vom Bildschirm, was mich nicht weiter verdross, denn ich bin kein Mann der vorgefertigten Frage, und die enervierenden Details des Versicherungsgeschäftes hätten mich ohnehin bloß ermüdet. Dann aber wurde die Stimme Paleschkes auf wundersame Weise von meinem Kopfhörer in die Lautsprecherboxen des Großraumbüros gelegt, aus denen bisher schnittige Vokalhausmusik getröpfelt war, die der Andi einer lässigen Arbeitsatmosphäre als zuträglich erachtete.

Aus diesen Boxen dröhnte nun ein immer unwilliger gerülpstes »Paleschke«, flankiert von einem durchaus obszön zu nennenden Ächzen und Stöhnen und unflätigem Schimpfen und Drohen, das ich leider immer an den Tag lege, wenn ich technischerseits überfordert bin und um einige entscheidende Minuten zu spät als mein eigenes identifizierte, war ich doch vollauf damit beschäftigt, den verdammten Paleschke, der mich immerhin als »Drecksau« und »Perverser« zu beleidigen begonnen hatte, aus der Leitung zu werfen.

Es war natürlich der Andi, der das unwürdige Schauspiel beendete, denn meine übrigen Kollegen hatten mich noch immer keines Blickes gewürdigt und Elena kämpfte mit samtener Stimme ihren einsamen Kampf um den Kindesunterhalt.

Es gehe hier um die Erstellung eines Qualitätsproduktes, sprach der Andi erzürnt, »Market Research« im Werte zahlreicher Millionen, da sei Quertreiberei und Kindsköpfigkeit vollkommen fehl am Platze. Wenn ich das hier nicht ernst nömme, dann könne ich gleich meine Sachen packen.

Im Gegenthum, dachte ich im Stillen, wenn ich das hier wirklich ernst nömme, dann schösse ich mir umgehend in den Kopf, aber meine Finanzlage verhinderte einen solchen philosophischen Disput.

Also wurde ich strafversetzt. In den Keller, zu den schwierigen Fällen. Dort war ich wenigstens vor der Vokalhausmusik und dem brüllenden Paleschke sicher, und auch der Andi schien sich zu hüten, diesen tristen Ort häufiger zu betreten als unbedingt notwendig. Er schubste mich lediglich in den fahl beleuchteten Raum und schloss krachend die Tür hinter mir.

An einem Schreibtisch mit abgewetzter Resopalplatte hockte eine kolossale Seepocke, die freilich ihre Tentakel sofort einfuhr, als sie meiner ansichtig wurde, und sich bis zum Ende meiner Schicht in ihrem schützenden Kalkgehäuse verbarg, aus dem lediglich ein leises Schmatzen an mein Ohr drang.

Er sei der Frank, raunte mir die Pocke Tage später zu, nachdem ich sie mit einem angebissenen Fischbrötchen aus ihrer Behausung hatte locken können, und er arbeite seit zehn Jahren für das Institut, nachdem er versehentlich ein Geschichtsstudium abgeschlossen habe und sich beruflich neu orientieren musste.

Der Frank sprach höchst ungern mit Menschen, und wenn er sich gen Mittag anschickte, das obligatorische Telefoninterview zu führen, begann er stark zu schwitzen und mit den Zähnen zu klappern. Wir hatten nämlich die Kunden einer Bank zu befragen, die sich in den Souterrains großer Kaufhäuser festgesetzt hatte und dort mit Kleinkrediten zu abenteuerlichsten Konditionen handelte. Unsere Gesprächspartner waren also meist vollkommen mittellose Konsumfreunde, die sich durch die finanziell ungedeckte Anschaffung einer Wohnzimmergarnitur in einen wirtschaftlichen Abwärtsstrudel gestürzt hatten, der sie entweder zu aggressiven Grobianen oder angsterfüllten Hascherln hatte werden lassen, und das Letzte, was sie wollten, war ihrer Service-Zufriedenheit auf einer Skala von eins bis fünf Ausdruck zu verleihen oder darüber nachzudenken, ob sie mit dem himmelblauen Logo der Bank ungestüme Frische oder doch eher angenehme Geborgenheit verbänden. Diese Menschen nach ihrer Kundenzufriedenheit zu befragen, hieß einen Ersaufenden nach der Wassertemperatur fragen, aber meist genügte es, den Namen unseres Auftraggebers zu nennen, um sie zum Einhängen zu bewegen. Manchmal aber auch nicht, denn bisweilen wurden unsere Kunden geradezu redselig, auch wenn ihre von Weinkrämpfen und Hassattacken durchtränkten Monologe nie ins Raster unserer Befragungen passten, sodass Pocke und ich über den Basislohn von 4,50 Mark nie hinauskamen.

Aber darum ging es uns längst nicht mehr.

Denn während die silberzüngige Elena im lichtdurchfluteten Obergeschoss subtil den geheimsten Wünschen umworbener Endverbraucher nachspürte, wandelten Seepocken-Frank und ich im Schattenreich unserer Wirtschaftsordnung und erhielten nicht selten Einlass in derart trübselige Lebenslandschaften, dass sich unsere Arbeit bald nur noch angeschickert ertragen ließ. Wir weinten viel und fühlten uns der Kundschaft aufs Eigentümlichste verbunden, der wir am Telefon eifrig zuprosteten und Trost spendeten. Binnen weniger Tage hatten wir uns vollständig dem Trunk ergeben, waren aber immer stärker der Meinung, hier und jetzt wichtigste gesellschaftliche Arbeit zu verrichten, zumal ich dazu übergegangen war, mich am Telefon als Seelsorger auszugeben. Seepocken-Frank wiederum hatte sich, zumindest mir gegenüber, als Verfechter einer gewaltsamen Neuordnung der Gesellschaft zu erkennen gegeben und sammelte eifrig die Telefonnummern seiner aggressivsten und verzweifeltsten Gesprächspartner, um im rechten Augenblick gerüstet zu sein, wie er es ausdrückte. Kein Zweifel, der so sanftmütig wirkende Geistesmensch hob eine Revolutionsarmee aus, die sich keineswegs gewaschen hatte. Ein wütender Mob überschuldeter Kleinbürger, hilflos den Einflüsterungen einer historisch versierten Seepocke ausgeliefert: Wenn Frank im nüchternen Zustand nicht so verdammt gehemmt gewesen wäre, hätte wirklich etwas Großes und Schlimmes daraus werden können.

So aber wurden wir bloß gefeuert, als wir unseren Abschlussbericht vorlegten.

Statt den unsinnigen Fragenkatalog abzuarbeiten, hatten

wir nämlich in unverblümten, aber wohlgesetzten Worten ein realistisches Stimmungsbild gezeichnet, das Frank durch krachende Revolutionsrhetorik aufgehübscht hatte und mit einer mündlichen Enteignungsempfehlung abschloss, die er wilden Blickes herausbrüllte, während er seine Bierflasche schwang und auf den Schreibtisch des Andis urinierte, denn Frank vertrug den Alkohol nicht besonders gut.

Wie seine berufliche Neuorientierung schließlich ausgefallen ist, entzieht sich meiner Kenntnis, denn ich habe Seepocken-Frank nach diesem denkwürdigen Tag nicht wiedergesehen. Nach Lage der Dinge würde es mich aber nicht wundern, in absehbarer Zukunft von ihm und seiner Revolutionsarmee zu hören.

DAS KAPITÄNSDINNER
DER NIEDLICHKEIT

Schon das Schild hätte uns stutzig machen sollen. Aber der Sommer strahlte golden seinem Ende entgegen, und wir waren nicht in der Stimmung, uns einschüchtern zu lassen. Schon gar nicht von einem alten, kaum entzifferbaren Holzschild, das sich wie ein sonnenbadendes Reptil an eine Mauer aus Bruchsteinen klammerte.

»Tierpark« stand in rissig gewordener Frakturschrift am unteren Rand, während sich darüber der Kopf eines kapitalen Zwölfenders erhob, der den Betrachter einst majestätisch angeschaut haben mochte, nun aber dumpf und ausdruckslos vor sich hin stierte. Das Tier war erblindet, schlimmer noch, jemand hatte ihm mit einem Schlüssel oder Taschenmesser die Augen ausgekratzt, was ihm die Anmutung eines blinden Sehers verlieh, der nichts als Unheil zu verkünden hatte.

Ein Frösteln überfiel mich, während ich meinen Schritt beschleunigte, um die toten Augen möglichst schnell hinter mir zu lassen.

Schließlich sollte in einen Tierpark gegangen werden, einen Ort kindlicher Freude, wo harmlose Kreaturen bestaunt werden können, wo man sich von Mensch zu Tier überm Zaun die Pfote reicht, anschließend aber trotzdem Jägerschnitzel isst.

Denn nicht am Kitzel bunter Exoten mit ihren todbringenden Gift- und Reißzähnen wollten wir uns erregen, sondern am Anblick des graubraunen Alltagskleides der hiesigen Fauna unsere Seelen laben, denn es war der letzte Urlaubstag, und in einem Urlaub soll möglichst wenig Nervenaufpeitschung geschehen, sonst wär es ja keiner.

»Ich will ein Schweinchen sehen«, gab meine Freundin ihrem bescheidenen Wunsche Ausdruck, und ich nickte begeistert, denn auch in mir löst der Anblick von minderjährigem Borsten- und ähnlichem Viehzeugs eine friedfertige Gemütsruhe aus, die sich ansonsten nur mit viel zu viel Alkohol bewerkstelligen lässt.

Jawohl, wir wollten Tierkinder schauen, uns am Gehampel von felligen oder fedrigen Knäueln ergötzen, andächtig stumpfe Schnäuzchen und knopfige Äuglein beglotzen, unsere Hände tief im Flausch baden und uns nach allen Regeln der Zoologie vom Kindchenschema nasführen lassen.

Ein Kapitänsdinner der Niedlichkeit sollte uns aufgetischt werden, begleitet allein vom begeisterten Kieksen, das meine ansonsten recht zurechnungsfrohe Freundin in anschwellender Frenetik auszustoßen pflegt, wenn es irgendwo Tierbabys zu begucken gibt.

Ich nicht, versteht sich. Denn ich bin ein Mann und habe im Stillen zu kieksen.

So erstiegen wir weiter den ausgetretenen Pfad, den uns

der blinde Hirsch gewiesen hatte, und achteten in unserer vorfreudigen Blödigkeit nicht darauf, dass wir die einzigen Besucher waren.

Aber wie gesagt, schon das Schild hätte uns zu denken geben sollen.

Und so kamen wir an ein Häuschen, an ein windschiefes, bemoostes Gehäus aus rohen Kiefernbrettern, die im gescheckten Zwielicht unter den Baumkronen tiefschwarz und feucht glänzten wie ledrige Häute uralter Moorleichen.

An diesem Kassenhäuschen klebte ein Zettel, der den aktuellen Tierbestand wiedergeben sollte, doch waren die Bestandszahlen immer wieder nach unten korrigiert worden, sodass sich das Blatt ausnahm wie die Chronik eines aussichtslosen Stellungskrieges.

Von einer ganzen Rotte Wildschweinen war kein einziges mehr übrig, und auch der Uhu, der allerdings nie einen Gefährten besessen hatte, war schon lange tot, verkauft oder entflogen.

Die Ziegen hatten sich zwar lange gegen den geheimnisvollen Schwund wehren können, dann aber war auch die Kraft dieser genügsamen Geschöpfe versiegt, sodass der Tierpark jetzt lediglich mit einer einzigen Ziege aufwarten konnte.

Allein die Kaninchen schienen sich unbekümmert vermehrt zu haben. Von ursprünglich zwei Tieren war die Zahl bald auf sechsundachtzig hochgeschnellt, bis jemand mit Bleistift »ca. 800« notiert hatte.

»Das ist wohl eher ein Kaninchenpark«, sprach ich unsicher, aber erfreut, in dieser Chronik des Vergehens überhaupt einen Lichtstrahl zu finden.

»Nein, sie sind tot. Alle tot«, keuchte da eine Stimme aus dem Inneren der baufälligen Hütte. Hinter einer halbblinden Glasscheibe, umgeben von allerlei Unrat, saß ein krüppelweidig gebeugtes Männlein auf einem Schemel und starrte uns aus trüben Augen an, die gelblich und von gallertartiger Konsistenz waren wie verdorbenes Aspik. Auch auf den zweiten Blick war das Männlein nur schwer von einem Stück Holz zu unterscheiden, zumal es beim Sprechen modrigen Geruch absonderte und zwei braune Zahnstümpfe hervorzeigte, die abgestorbenen Ästen gleich aus seinem Unterkiefer ragten.

»Sie sind krank, haben sie gesagt«, geiferte das Wesen und pochte mit gichtigem Knöchel gegen die Glasscheibe. »Und dann sind sie gekommen mit ihrem Gift und ihren Fallen«, erregte es sich zusehends, spie und zischte beim Reden aber derart, dass wir den Schilderungen des grausamen Todeskampfes nur mehr kraft seiner Gesten folgen konnten.

Natürlich wollten wir uns zu sofortiger Flucht wenden, doch das Männlein bedachte uns mit einem derart flehentlichen Blick, dass er wohl auch das hartherzigste Gemüt erweicht hätte.

»Kommen Sie bitte«, zirpte es. »Besuchen Sie unseren Tierpark, die Ziege, sie ist doch so einsam.«

Meiner Freundin schossen sofort die Tränen in die Augen, und auch ich fühlte einen Kloß im Hals, denn man soll das Herz nicht vor dem Elend der Kreatur verschließen, und so zahlten wir schließlich den Eintritt, der mit fünf Euro achtzig pro Person für die Besichtigung einer einzigen Ziege freilich recht üppig bemessen war.

»Darf es auch eine Erfrischung sein?«, gab sich das Kassenmännchen plötzlich diensteifrig und humpelte zu einer alten Eistruhe, deren Stecker freilich ungenutzt an der Seite baumelte.

»Das wird nicht nötig sein«, antwortete meine Freundin schnell, aber eben nicht schnell genug, denn die Truhe war schon geöffnet worden und schickte uns starken Verwesungsgeruch entgegen.

»Sie sind tot, alle tot«, greinte das Männlein schon wieder und starrte in die Truhe, deren Inhalt uns gottlob verborgen blieb.

Also schickten wir uns an, so schnell als möglich den Park zu betreten, um die Sache endlich hinter uns zu bringen. »Viel Vergnügen«, röchelte das Männlein uns nach.

Kurze Zeit später standen wir auf einer Lichtung, die in besseren Zeiten von hellem Kinderlachen erfüllt gewesen sein mochte, aber nun lag drückende Stille über dem Platz. Einzig die Ketten einer Schaukel bewegten sich leise knirschend, wenngleich sich kein Windhauch regte. Ein Automat bot Tierfutter zu zwei Reichsmark an und am Stamm einer alten Eiche hing eine verblichene amtliche Verfügung mit der Aufschrift »Tollwutbezirk«.

»Wir werden verfolgt«, flüsterte meine Freundin plötzlich, und als wir uns umsahen, grüßte uns schief grinsend das Männlein, um sich nach seiner Entdeckung unter Verbeugungen rückwärts in die Dunkelheit des Tannenwaldes zu verfügen.

Wir erreichten das erste Gatter und ließen wenig hoffnungsfroh unseren Blick über den sumpfigen Boden schweifen. Wildschweine seien hier einst zur Schau gestellt worden, erklärte uns ein altes Schild, aber die waren ja längst verschwunden. Dachten wir zumindest.

Doch da brach ein schwarzgraues Wesen aus dem Gebüsch, rannte quiekend über den Platz, wobei es sich mehrmals in einer Pfütze suhlte und an einem Pfahl schubberte, um sich dann laut grunzend dem Zaun zu nähern, und erst da wurde uns die ganze Infamie der Darbietung bewusst.

Denn es war kein Schwein, das sich dort näherte, sondern das Männlein. Es hatte sich ein schlecht gegerbtes Fell übergeworfen, und wenngleich es humpelte und auch sonst nicht gut beieinander schien, legte es in seinem Spiel eine Inbrunst an den Tag, die uns ebenso rührte, wie sie uns abstieß.

Offensichtlich hatte es den Niedergang seines Tierparks nicht verkraftet und wollte seinen wenigen Kunden trotz fehlenden Inventars ein Naturerlebnis bieten, indem es sich selbst zum Schwein erniedrigte.

Jetzt trank es sogar aus einer Pfütze.

Wir beschworen das Männlein natürlich, das unwürdige Schauspiel sofort zu beenden, und als es sein Gesicht darauf nur immer tiefer in den Modder drückte, drohten wir mit dem sofortigen Abbruch unseres Besuches, worauf es das besudelte Haupt reckte und uns aus seinen traurigen, gelbstichigen Augen ansah.

Wir verlegten uns auf flehentliches Bitten, doch das Männlein legte seine zu Klauen verformten Hände auf den Querholm des Zaunes, machte Männchen und bettelte uns unverhohlen um Futter an.

Schnellen Schrittes flohen wir zum nächsten Gatter, wo

uns das Männchen jedoch sofort in der Verkleidung eines Hirsches entgegentrat, herzerweichend röhrte und beim Versuch, majestätisch zu traben, über eine Baumwurzel stolperte und sich das Geweih brach.

Sogar als fadenscheiniger Uhu zeigte es sich, sprang in einer Voliere von Ast zu Ast und stieß, je häufiger es dabei abstürzte, umso schrillere Laute aus, dass uns das Blut in den Adern gefror.

»Hören Sie auf, das ist doch Wahnsinn«, riefen wir, als sich das Männlein wieder einmal vom staubigen Boden aufrappelte und seinen geschundenen Körper mit eiserner Entschlossenheit zurück zum Pfahl in der Mitte des Käfigs schleppte.

»Huhuu«, machte das Männlein bloß und versuchte, seinen Kopf nach Eulenart um hundertachtzig Grad zu drehen, wobei es verdächtig in seinem Nacken knackte.

»Dann zeigen Sie uns endlich Ihre Ziege, die haben Sie doch noch«, boten wir ihm in der Hoffnung an, dass es sich dabei um ein echtes Tier handeln und er von seinem Wahnsinn ablassen würde.

»Die Ziege?«, fragte das Männchen. »Sie wollen die Ziege sehen?«

Wir nickten.

»Ganz sicher?«

»Ja, doch.«

Das Männchen öffnete die Voliere, klopfte sich den Staub von seinem seltsamen Eulenkostüm und trat heraus. Sein Blick war plötzlich fest und klar, alle Raserei von ihm abgefallen, es strahlte eine eigentümliche Ruhe aus.

»Kommen Sie, kommen Sie«, winkte es uns heran und

führte uns bald zu einem Verschlag, der halb aus Eichenbohlen zusammengefügt und halb in einen Abhang gegraben war.

»Dort ist die Ziege, sie wartet schon«, sprach das Männchen, zog einen mächtigen Riegel zurück und öffnete die eisenbeschlagene Tür zu einem Gelass, mehr Stollen als Ziegenstall.

Wir traten ein und sofort umfing uns pechschwarze Düsternis.

Wenn ich Ihnen eins raten darf: Lassen Sie sich niemals von einem Wahnsinnigen in einen verlassenen Bergwerksschacht locken, auch wenn er Ihnen vorher noch so reizvolle Versprechungen macht. Das geht schief. Aber hinterher ist man ja immer schlauer.

Als wir wieder erwachten, schien es zunächst, als sei alles bloß ein böser Albdruck gewesen.

Wir waren wieder im Freien, und der Himmel, den eine Wolkendecke während unserer Wanderung verfinstert hatte, war aufgerissen. Die Sonne schickte ihre wärmenden Strahlen, und der Tierpark erschien mir endlich als jener Ort kindlicher Freude, den wir eigentlich hatten aufsuchen wollen.

Ich fand mich angenehm auf Stroh gebettet und in einer Kiste liegend vor. Meine Freundin kauerte neben mir, und auch sie schien allerbester Dinge zu sein, jedenfalls kaute sie vergnügt auf einem Grashalm herum. Aber irgendetwas war mit ihren Ohren.

»Guck mal, was ich kann«, rief sie und kratzte sich mit ihrem Fuß am Ohr. Das hatte sie bislang tatsächlich nicht gekonnt, allerdings schien sich ihre Anatomie grundlegend verändert zu haben, und derart behaart hatte ich sie auch nicht in Erinnerung.

Sie wackelte mit ihrer Nase, und als ich ein paar Schritte auf sie zugehen wollte, aber bloß ein ungelenkes Hoppeln zustande brachte, durchfuhr mich eine Erkenntnis, die mir derart zusetzte, dass ich zur Beruhigung mein Skrotum lecken musste, und zwar nicht zuletzt, weil ich es konnte, doch ich schweife ab:

Wir waren zu Kaninchen verwandelt worden, auch wenn ich unsere Rasse nicht mit letzter Sicherheit bestimmen konnte. Ich tippte auf Rheinische Schecken.

Ich schloss die Augen und öffnete sie dann wieder, in sicherer Erwartung, dass dies alles nur leerer Wahn sein konnte, als sich eine riesige Gestalt in unser Sichtfeld schob und eine wachsweiche Hand ausstreckte, die sich in halboffener Klaue meinem Kopf näherte, als wolle sie ihn zerquetschen. Schließlich öffneten sich die wurstigen Finger und gaben eine schwitzige Handfläche frei, die auf mein Haupt niedersauste, um darauf kreisförmige Bewegungen auszuführen, die empfindlich an meinen Haarwurzeln rissen und nicht wenige davon lockerten.

»Ei machen«, dröhnte es dazu in quäkiger Modulation, als sei jemand versehentlich auf einen Dudelsack getreten. Ich wollte schreien, brachte aber bloß ein hilfloses Fiepen heraus, obwohl ich zugeben muss, dass man meiner Freundin noch viel übler mitspielte. Man riss sie an den Vorderläufen in die Höhe, sodass sie, auf den Hinterpfoten tänzelnd, ihr Gleichgewicht nur mühsam halten konnte, während sie von einem juchzenden Riesen herumgeschoben wurde, der wie von Sinnen »Tanzen!« brüllte.

Wir waren in den innersten, den zehnten Kreis der Hölle geschleudert worden, den sogar Dante zu beschreiben sich gescheut hatte, weil er ihm zu grausam erschienen war.

Wir waren zu einem Leben als Kanonenfutter im Streichelzoo verdammt, würden auf ewig den groben Liebkosungen haushoher Kleinkinder hilflos ausgeliefert sein. Postklimakterische Matronen würden uns an ihre welken Busen pressen und unsere Felle einem unerfüllten Kinderwunsch nachtrauernd mit heißen Zähren benetzen, Männer würden uns in angemaßter Kennerschaft unsachgemäß am Schlafittchen packen und den immer gleichen Sonntagsbratenwitz reißen. Oder auch umgekehrt.

Und was immer wir auch tun würden, wir würden niedlich gefunden werden.

Denn wir waren nun selbst aufgetischt worden als Kapitänsdinner der Niedlichkeit.

Obgleich unsere Lage auch aussichtslos erschien, kam ich nicht umhin, auch ihre guten Seiten zu bemerken. Denn plötzlich spürte ich eine jugendliche Frische in der Lendengegend, ein veritables Reißen und Saften, und bedachte meine Freundin mit einem schmachtenden, aber zugleich fordernden Blick, wie er in unserer etwas angejahrten Beziehung durchaus nicht mehr alltäglich war.

Doch gerade als ich mich ihr mit klopfender Blume nähern wollte, schob sich wieder diese vermaledeite Hand zwischen uns, ragte baumstammhoch dieser zart beflaumte Arm auf, zerfloss vor meinen Augen und setzte sich sogleich wieder als erotisches Trugbild zusammen.

Von einer ungeahnt heftigen Welle tierischer Triebe erfasst, richtete ich mich auf und begann zu meinem eigenen Entsetzen, meinen Unterleib an eben diesem Arm zu reiben.

»Das glaub ich jetzt nicht«, keifte meine Freundin empört. »Du bist noch keine zwei Minuten Hase.«

»Ich kann nichts dafür«, antwortete ich, ebenso fassungslos wie sie, rammelte aber schamlos weiter.

»Ja, fein. Das magst du«, ertönte dazu eine andere, tiefere Stimme, die sich nicht entblödete, mich im Folgenden mit »Du Feiner, du« anzusprechen und den Besitzer der Quäkstimme zu weiteren Schandtaten anzustacheln.

Ich versuchte mich loszuwinden, wurde aber von einer weiteren Hand zu Boden gerissen und in eisernem Klammergriff niedergedrückt. Ich müsse wohl hungrig sein, befand die tiefe Stimme und händigte dem Quäkmonster eine Karotte aus, die wie ein orangefarbener Torpedo auf mein Gesicht zuschoss und mir schließlich die Kiefer auseinanderdrückte.

Ich wäre wohl erstickt, hätte sich nicht eine dritte Stimme mit einer Frage eingemischt, die meine Peiniger ablenkte. Und diese kollernde Stimme erkannte ich, noch bevor sich die sinistre Gestalt des Männleins über uns gebeugt hatte.

Ob die Herrschaften mit dem Gebotenen zufrieden seien, wollte es wissen und pries uns als prächtigen Rammler nebst seiner Zibbe an, doch das Quäkmonster nannte uns langweilig und verlangte ungnädig nach Abwechslung.

Man habe für eine Ziege bezahlt, mischte sich nun auch die tiefere Stimme ein, und verlange selbige sofort vorgeführt zu bekommen, denn man kenne seine Rechte als Verbraucher.

»Sie wollen die Ziege sehen?«, fragte das Männlein und die beiden bejahten ungeduldig.

»Kommen Sie, die Ziege wartet schon«, sagte das Männlein schließlich, und machte ein Gesicht, das man für unterwürfig halten konnte, wenn man es nicht besser wusste.

HEUSCHNUPFEN.
EINE KRANKMELDUNG

Ein riesiger Pollen schwebt durch das offene Fenster und brummt auf der Suche nach Beute im Zimmer herum. Blitzschnell hat der aggressive Räuber sein Opfer geortet.

Kunststück, bei genau einem Allergiker im Raum, der außerdem in wehrlosem Schlummer liegt, während ihn schlimmer Albdruck in Gestalt eines riesigen Pollens quält.

Er wolle sich im Namen seiner Artgenossen für Brandrodung, agrarische Monokultur und Pestizideinsatz rächen, brüllt der Pollen.

»Das war ich nicht«, brülle ich zurück und versuche, den Pollen mit Fußtritten aus meinem Traum zu befördern, erwische aber bloß meine Freundin.

Doch die kennt das bereits: »Das war ich nicht« ist so eine Standardformel, die eigentlich in jedem meiner Albträume vorkommt, und wenn diese Worte gefallen sind, wird es für meine Freundin Zeit, die Eishockeymontur anzulegen, denn es könnte lebhaft werden.

So auch diesmal, denn der Pollen ist gut drei Zentner

schwer, hat überall fiese, weiße Kribbelhärchen und verstreut fuderweise hochtoxischen Blütenstaub, während er sich auf mein Gesicht setzt.

Meine Nase schwillt sofort auf das dreifache ihres Volumens an, sämtliche Schleimhäute pumpen sich auf wie Schwellkörper unter Viagra-Dauerbeschuss, meine Augen sondern harziges Gekröse ab, das an der Luft sofort aushärtet und meine Wimpern, prähistorischen Insekten gleich, in einem Gefängnis von schimmerndem Bernstein verschließt, während mein Gaumensegel als weichgeklopftes Schnitzel im Rachenraum herumlappt und dort die spärliche Restatmung sabotiert.

Ich schrecke aus dem Schlaf auf, versuche, nach Luft zu schnappen, habe aber deutlich das Gefühl, durch einen alten Wollsocken atmen zu müssen.

Und in der Tat handelt es sich um einen alten Wollsocken, bemerke ich kurze Zeit später. Den stopft mir meine Freundin nämlich immer in den Mund, wenn ich schnarche, mich aber pädagogischen Maßnahmen wie Schubsen oder Drüberreden nicht zugänglich zeige.

»Ich schnarche nicht, ich ersticke«, will ich mich verteidigen, bin aber nur imstande, ein gutturales Röcheln abzusondern, das meine Freundin wiederum als Schnarchen missdeutet und eifrig Socken nachstopft.

Kein Zweifel, es ist hoher Frühling, und die Bäume schlagen aus – beziehungsweise zurück. Der altböse Feind, die niesenmachende Nemesis, die Geißel des Frühlings reckt das infektiöse Haupt: Die Birke des Todes schwingt ihre klebrige Rute, das gemeine Senfgras bläst zum Angriff, die widerliche Weide und die heimtückische Haselnuss, jene schwarzbraune Pest der Atemwege, lassen ihre staubigen Geschlechtsteile schamlos im Frühlingswind baumeln. Das ganze florale Pack gibt sich einem enthemmten Paarungsrausch hin, als sei die Natur ein riesiger Swingerclub, oder um es poetisch auszudrücken: Ich werde von fickenden Blumen vollgespermt.

Schlagartig bin ich hellwach beziehungsweise so hellwach wie man sein kann, wenn einem das eigene Gehirn als Glibberfaden aus der Nase entgegenläuft und die Polypen zu den Ohren herauswuchern, weil die Nasennebenhöhle wegen Überfüllung geschlossen wurde.

Kurz: Ich habe Heuschnupfen oder, wie wir Allergiker gerne sagen »Heudnupfm«, denn zur größten Freude meiner Freundin werde ich in den nächsten Tagen klingen wie der Maulwurfn aus Mariks Puppentheater.

»Soll ich dir was aus der Apotheke mitbringen?«, fragt sie jedes Mal, innigstes Mitgefühl heuchelnd, aber kaum, dass ich ein dumpfes »Daasntropfm« hervornöle, kann sie sich vor Lachen kaum halten.

Das Schlimmste am Heuschnupfen ist ja die fiese Diskrepanz zwischen jahreszeitlicher Prachtentfaltung und eigenem Siechtum. Während Natur und Gesellschaft einander bei trockenen vierundzwanzig Grad wollüstig in den Armen liegen, führt der Heuschnupf ein eremitenhaftes Dasein als lichtscheuer Triefgurker, der aus wellfleischig aufgeworfenen, rotveräderten Augenschlitzen in die Dunkelheit seiner stickigen Kammer kniept, einzig dem steten Fluss des eigenen Nasensekretes lauschend. Wie schrecklich, das muhmenhafte Antlitz fahl und aufgedunsen im Spiegel schauen zu müssen, die Nase von tausend Niesern

fransig gefleddert, wenn das Leben da draußen leichtbeklei-
det und britzebraun von hinnen tollt. Da kann man schon
mal etwas missgünstig werden.

Deswegen schaue ich mir im Fernsehen Dokumenta-
tionen über Umweltzerstörung an, denn diese erheitern
mich im Frühling sehr.

»Das gehört alles gekachelt«, schreie ich den letzten Pa-
radiesen dieser Erde entgegen, schaue kichernd zu, wie
sich Braunkohlebagger durch Biotope fräsen, und singe
»Macht kaputt, was euch kaputtmacht«, bis auch der letzte
Pollenträger gerodet ist.

Hei, wie lustig die Motorsäge ihr Liedlein singt, wie put-
zig die grünen Riesen umeinanderpurzeln, wenn des Forst-
knechts starker Arm es will. Wie sich des Asphaltes gräu-
lich Band voll Anmut durch die blühende Heide schlängelt,
wie betörend das Öl im Flusse schliert, bis am Ufer sich
kein Halm mehr reckt. Ach, Industrie, ich liebe sie.

Und weil ich plötzlich gehobener Stimmung bin, fange
ich zu dichten an. Das tue ich sonst nie, aber sonst esse ich
ja auch nicht zwei Packungen Antihistamine auf einmal,
da muss mit allen möglichen Nebenwirkungen gerechnet
werden, sogar mit schwiemeligem Minnesang und einem
guten Schuss Kinski'scher Büttenrede.

Industrie.

Du herzensgute, holde Dame,
gepriesen sei dein süßer Name:
Du lässt Wälder schwinden, Wüsten wachsen
vom Ural bis tief nach Sachsen.

Frischauf ans Werk, doch Ruh im Glied.
Die Säge sei mein Wiegenlied,
wenn jede Weide wird gefällt,
von der Etsch bis an den Belt.
Nur dein treulich, ehrbar Wirken
rettet mich vorm Zorn der Birken.
Auch der hundsgemeinen Esche
geht es endlich an die Wäsche.
Und von Gräsern rede ich,
zett Bee vom fiesen Wegerich.
Sie alle müssen sich verdrücken,
weil sie in den Augen jücken.
Gieß Öl, Asbest und reichlich Schlacke
auf die schlimme Blütenkacke.
Zementier den ganzen Ga'ten,
hau sie tot mit deinem Spaten.
Mach sie putt, die böse Blume,
bis in die letzte Ackerkrume.
Du gute, liebe Industrie,
ob Stahl-, Montan- oder Chemie-,
mach mich schmutzig, mach mich krank,
nichts schuld ich dir denn größten Dank,
weil nur dein stählern Pflug,
erlösen kann vom Pollenflug.
Es grüßt dich lieb, dein Fan, dein dicker,
Bartel, der Allergiker.

BERUFSVERBRECHER
MIT ECHTHEITSZERTIFIKAT

Eigentlich lag mir nicht viel an dem Job, aber jetzt hatte ich doch irgendwie Gefallen an der Sache gefunden. »Ich werde die Bushaltestelle aus den Händen der Ungläubigen befreien«, schmetterte ich dem Presbyterium entgegen und erhielt allseits beifälliges Nicken sowie einige »Hallelujah«-Rufe.

Langsam wurde ich richtig warm mit den Brüdern in Jesu, aber da war noch mehr drin.

Ich war zum Vorstellungsgespräch als Jugendzentrums-wärter einer christlichen Gemeinde geladen, und es lief überraschend gut. Zwar mache ich mir persönlich nicht viel aus Jesus, bin aber jederzeit bereit, für dreißig Silberlinge einen christlichen Lebenswandel vorzutäuschen, wenn der Dienstherr es verlangt.

Es war ein herrliches Viertel, über das ich als Jugendwart herrschen würde, allerorts als sozialer Brennpunkt aner-kannt, sodass der Dienstauftrag mit physischer Präsenz ab-gegolten war, ohne dass von mir öde Bastel- oder Bildungsangebote erwartet würden. Es galt lediglich, die Immobilie halbwegs intakt zu halten und dabei literweise Kaffee zu konsumieren.

Und das konnte ich, dafür war ich ausgebildet, denn ich hatte einen Abschluss in Sozialpädagogik.

Eines Morgens war ich damit aufgewacht. Wahrscheinlich war ich während einer Unifete eingenickt und anschließend ins Räderwerk der Bürokratie geraten, man kennt das ja.

Wie in einer antiken Hafenstadt tummelten sich in den verfallenden Mauern des Viertels zwielichtige Gestalten aus aller Herren Länder. Mamelucken, Mauren, Seldschuken, Phönizier und pechschwarze Nubier beanspruchten den Nordteil der Hochhaussiedlung, während schweigsame Kosaken, Wolgadeutsche, wilde Katscharen und andere Steppenbewohner den Südteil bewohnten. Dazwischen verharrte, als Relikt längst vergangener Zeiten, das kleine Gotteshaus aus Waschbeton, in dessen Souterrain sich die letzten Getreuen Jesu verschanzt hatten.

Sie alle waren pensionierte Veteranen, die sich in den Siebzigern Eigentumswohnungen im Viertel gekauft hatten, kurz bevor es vom sozialen Wohnungsbau den fremden Völkerscharen anheimgegeben wurde. Entsprechend apokalyptisch war die Stimmung unter den Gläubigen, ihre Wohnungen waren nur noch einen Bruchteil des Kaufpreises wert, die kleine Ladenzeile seit Jahren verrammelt oder von Fernsprechgeschäften belegt und die örtliche Bushaltestelle stets von finster blickenden Kindern umlagert, die unentwegt auf den Boden spuckten. Kurz: Der Untergang des Abendlandes schien beschlossene Sache, wenn nicht noch ein Wunder geschähe.

Bereitwillig stellte ich mich als solches zur Verfügung. Ich freue mich immer, wenn ich helfen kann, außerdem habe ich einen Messiaskomplex, der sich freut, wenn mal Besuch kommt, und so ließ ich mir bereitwillig huldigen.

Sogar der Pfarrer hatte seinen kleinlichen Widerstand gegen mein pädagogisches Konzept mittlerweile aufgegeben. »Wir machen hier keine Kreuzzüge, sondern niederschwellige Jugendarbeit«, hatte er behauptet, aber ein empörtes Raunen der beisitzenden Hobbykleriker verriet ihm, dass er sich seinen lauwarmen Kuschelkurs gegenüber den Heiden sonstwohin schmieren konnte.

»Deus lo vult!«, brüllte ich den Pfarrer nieder und streckte den Gemeindeoberen meine Handflächen entgegen, die ich zuvor mit rotem Edding publikumswirksam stigmatisiert hatte. Hosianna-Rufe brandeten auf. Die Presbyter wollten die zahlreichen Mauren und Mamelucken des Viertels konvertiert oder vertrieben wissen, und exakt dies hatte ich ihnen soeben versprochen. Etwas voreilig vielleicht, aber mit durchschlagendem Erfolg.

Ich bekam die Stelle und wurde umgehend zum Jugendleiter gesalbt.

Allenthalben ließ man mich hochleben, Wein und Kuchen wurden aufgetragen, das Haupt wurde mir mit Lorbeer bekränzt, nur ein bucklig Männlein, wahrscheinlich das Faktotum der Gemeinde, schüttelte unentwegt den Kopf und warf barmend die dürren Arme gen Himmel.

»Lauf weg, dummer Junge«, wisperte es in mein Ohr, als es mir das Horn mit Branntwein füllte. »Lauf weg, solange du noch kannst.«

Aber das sagt sich leicht, denn es ist nicht gut Weglaufen, wenn man auf Händen getragen wird, außerdem tat der Branntwein langsam seine Wirkung.

»Wo ist denn mein Büro?«, stellte ich nach meiner Krönung die alles entscheidende Frage, schließlich hatte ich mir vorgenommen, meine just begonnene Berufslaufbahn dort nach allen Regeln der sozialpädagogischen Kunst zu verdämmern. Den Kontakt zum Klienten gelte es nämlich unbedingt zu vermeiden, hatte mir mein Anleiter zu Beginn meines Anerkennungsjahres eingeschärft und war danach zu einer Fortbildung aufgebrochen, wo er bis zu meiner Verabschiedung verblieben war. Ich würde also, dankbar seinem leuchtenden Vorbild folgend, in friedvoller Ruhe neben einer fröhlich schmurgelnden Kaffeemaschine sitzen, Patiencen legen, mich eingehend der Fußpflege widmen, endlich das rechnergestützte Ballerspielen erlernen und ein wenig Verwaltungsarbeit simulieren, indem ich wahllos irgendwelche Formulare ausdruckte und pittoresk auf dem Schreibtisch verteilte. Nebenbei würde ich natürlich auch wichtige Surf- und Downloadarbeiten verrichten, für die mir meine Freizeit zu schade und die eigene Leitung zu langsam war.

Endlich würde also auch ich ein respektables Berufsleben führen können, über dessen Härte ich mich bitterlich beschweren konnte, denn das Verwünschen seines Tagewerks ist die vornehmste Beschäftigung des Arbeitsmannes, wenn er abends beim Bier sitzt.

Erwartungsfroh strahlte ich also meine frischgebackenen Jünger an, knuffte wohl dem einen oder anderen herzhaft in die Seite und sprach: »Tragt mich in mein Büro, ihr guten Leute, und stört meine Kreise fürderhin nicht mehr. Ich habe zu arbeiten.«

»Es gibt kein Büro«, beschied man mir und führte mich in einen tristen Kellerraum, den die Gemeindeoberen als »Teestube« zu bezeichnen sich erdreisteten. Aschgraues Licht stand staubig im unterirdischen Gelass, dessen vergitterte Oberlichter kurz oberhalb der Rasenkante nur ungenügend schlossen und so allerlei Kerb- und Kriechgetier Einlass boten. Eine schadhafte Neonröhre flackerte wie ein böser Mond an einer Decke aus hölzernem Paneel, die steinern fugenlosen Wände umstanden mich dräuend und abweisend wie Totenburgen. Dies war kein Haus Gottes, nicht mal eine Tiefgarage Gottes, dies war eine licht- und freudlose Gruft, ein Ort des Schreckens.

Auch die Gesichter der Gemeindeväter schienen verändert, wo eben noch die dankbare Hingabe braver Christenmenschen geleuchtet hatte, waren ihre Mienen jetzt zu höhnischen Fratzen verzerrt. Immer dichter schlossen sie ihre Reihen um mich, und aus ihren Kehlen drang raues Geheul, das davon kündete, dass ich nunmehr schrecklichen Ungeheuern aus bildungsfernen Schichten zum Fraß vorgeworfen werden sollte. Man wollte mich unbewaffnet und mutterseelenallein gefährlichen Jugendlichen mit wüstem Gebaren und seltsamen Mützen überlassen.

Ich war verloren.

Es hätte mir gleich zu denken geben sollen, dass neben mir keine Mitbewerber um die Stelle aufgetaucht waren. »Ich überleg es mir noch mal«, versuchte ich mich in Ausflüchten. »Wenn ich es recht bedenke, will ich doch nichts mit Menschen machen. Ich kann Menschen eigentlich gar nicht ausstehen.«

»Das ist vollkommen normal in sozialen Berufen«, verhöhnte mich der Pfarrer, der sich bisher etwas abseits gehalten hatte. »Glauben Sie, mir macht das Spaß? Nein, ich tue es aus Hass«, sprach er und schleppte sich unter diabolischem Gelächter hinfort.

Dann stieß man mich in das Verlies und schloss die feuerfeste Stahltüre hinter mir.

Wohl an die zehn Stunden, deren letzten zwei ich mir freilich als Überstunden aufnotierte, hockte ich in meinem Kerker und beklagte das harte Los, in welches mich ein unbarmherziges Schicksal und meine Großsprecherei geführt hatten.

Greinend wälzte ich mich im Staub, bis ich erst eines Paares, dann aber zahlreicher Fußpaare ansichtig wurde, die allesamt in unfassbar hässlichen Sportschuhen von grotesken Ausmaßen steckten und von seitlich geknöpften Hosenbeinen aus glänzendem Stoff überwölbt wurden.

»Ey, wallah, was macht der da?«, fragte eine Stimme, die ihren Sprecher sogleich als Morgenländer verriet. Ich versuchte, mich tot zu stellen, doch die Angst ließ meinen hingestreckten Körper veitstanzen.

»Weiß nicht, vielleicht Breakdance oder so«, antwortete eine andere Stimme, deren Inhaber mit seinen Füßen rhythmisch vor meinem Gesicht auf und nieder wippte.

Die beiden Gestalten ließen sich neben mir zu Boden fallen und begannen umstandslos, in den schrecklichsten Verrenkungen zu zucken, während der Rest der Gruppe – es mochten nun wohl an die zwanzig Burschen um uns herumstehen – wie von Sinnen klatschte und johlte.

Das würden sie von nun an jeden Tag tun, aber das ahnte ich damals noch nicht, vielmehr erklärte ich mir ihren Zustand als eine Art Besessenheit, die mir derartig den Schauer ins Mark jagte, dass ich Zuflucht in lautem Gebet suchte.

Zu meinem großen Erstaunen begannen die unheimlichen Buben, mir eifrig zuzunicken, einige unterstützten mein lautes Flehen, indem sie ihre Münder schürzten und erstaunlich melodiöse Lippenfürze absonderten. Dies nannten sie Beatboxen, wurde mir später bedeutet, und sie erachteten es als hohe Kunst.

Dann verfielen sie selbst reihum in eine Art Sprechgesang, der von niederschmetternder Selbstkritik geprägt war.

Denn obwohl sie allesamt kaum dem Kindesalter entwachsen waren, bezichtigten sie sich selbst der abscheulichsten Verbrechen und größtmöglichen Perversionen, und wenngleich es mir vollkommen unglaubhaft vorkam, dass der knapp elfjährige Vorsänger tatsächlich heute Vormittag sieben Nutten in den Arsch gefickt haben könnte, so rührte mich doch die Inbrunst seines Vortrages. Hier standen Menschen vor mir, die ernsthaft an der Sündhaftigkeit der Welt litten und nach Erlösung heischten.

Nun, ich für meinen Teil war bereit, sie ihnen zu geben. Immerhin war ich soeben zu ihrem rechtmäßigen und allerchristlichsten Jugendleiter gesalbt worden. Ich reihte mich also in ihren Klagegesang ein und begann, mich nun selbst als fürchterlichen Unhold zu beschreiben, der von viehischer Lust gepackt regelmäßig über ihre Mütter herzufallen pflegte, wenngleich mir die wackeren Frauen natürlich allesamt unbekannt waren.

Der Vortrag indes verfehlte seine Wirkung nicht und bewegte die Herzen der Buben. Man umarmte mich, gab mir unangenehm feuchte Wangenküsse, hieß mich einen »Abi«, einen »Baba« und gar einen »O.G.«, was ins Deutsche übersetzt zwar »Berufsverbrecher mit Echtheitszertifikat«, in der Praxis aber gottlob gar nichts bedeutet.

LAMPE, PFEFFERMÜHLE, KIND

»Wir brauchen noch ein Geschenk für heute Abend«, sage ich zu meiner Freundin, damit die sich darum kümmert.

»Hm-hm«, macht es aus dem Bad. Das heißt, ich soll mich drum kümmern.

Wir sind jetzt in einem Alter, wo wir viele Pärchenfreunde haben, die uns an den Wochenenden in ihre Wohnungen einladen und dafür auch noch Geschenke erwarten. Die Freunde zeigen uns dort neu erworbene Einrichtungsgegenstände, die zu loben von uns strengstens erwartet wird. Wir sagen dann Sätze wie »Oh, eine Lampe« oder »Eine Pfeffermühle, wie interessant, sie mahlt Pfeffer, nicht wahr?«.

Irgendwann werfe ich die neue Lampe versehentlich um, und es ist wieder Platz für was Neues, das wir am nächsten Wochenende loben müssen.

»Gibt es nicht irgendwas, das sich die beiden schon immer gewünscht haben?«, frage ich durch die Badezimmertür.

»Doch. Ein Kind«, sagt die Tür. Da hat sie recht. Die Pärchenfreunde haben nämlich sonst alles. Sie haben jeder einen Beruf, der ihnen zu schaffen macht, eine Eigentumswohnung, die abbezahlt werden muss, und eine erfüllende Beziehung, von der sie gerne erzählt. Er auch, aber nur, wenn er sehr betrunken ist, und ich muss immer versprechen, dass es unter uns bleibt.

Höchste Zeit also, dass sich die beiden ein Kind anschaffen.

»Sie können doch eins von unseren haben«, sage ich.

Die Tür geht auf, meine Freundin streckt den Kopf durch.

»Wir haben keine Kinder. Nein, oder?« Sie fällt immer wieder darauf herein.

Ich zucke mit den Schultern.

»Wer sind eigentlich diese beiden kleinen Racker, die bei uns auf dem Sofa wohnen?«, frage ich listig.

»Das sind Zeugen Jehovas, die haben vor zwei Monaten geklingelt, weil sie uns missionieren wollten.«

»Ach«, sage ich, »und warum sitzen sie dann den ganzen Tag auf dem Sofa, trinken Bier, rauchen Zigaretten und gucken *Deadwood*?«

»Nun«, sagt meine Freundin und klingt irgendwie vorwurfsvoll, »anscheinend fanden sie deine Konzeption vom Paradies doch irgendwie überzeugender.«

Das kann ich ihnen nicht verdenken. Ich winke den beiden zu, sie recken die Daumen hoch und heben ihre Flaschen.

»Also, du besorgst das Geschenk, ja?«, sagt meine Freundin noch schnell, krault mich hinterm Ohr und küsst unseren Hund, bevor sie zur Arbeit geht.

Wir brauchen gar kein Kind, denke ich, bei uns kocht die Leidenschaft auch so die Wände hoch.

Ich tarne mich mit diesem leidenden, übernächtigten Gesichtsausdruck als junger Vater und suche den nächsten Kindergarten.

Alles Leben erstarrt, als ich den Raum betrete, die Gespräche verstummen, nur das wimmernde Knarzen der Schwingtür hinter mir ist zu hören. In der Ferne jault leise ein Kind.

Um einen lächerlich niedrigen Tisch herum sitzen fünf Frauen, trinken Kaffee aus quietschbunten Tassen mit Bärchenmotiven und betrachten mich misstrauisch aus den Augenwinkeln. Ihre Knie haben sie eng an die Ohren gelegt, weil sie auf winzigen Höckerchen sitzen. Alle paar Sekunden spuckt eine der Frauen in ein Taschentuch und verreibt den Inhalt auf einem Kind, das davon sofort heulen muss.

Aus dem Halbdunkel des Raumes walzt eine tonnenförmige Gestalt auf mich zu. Es ist die Kindergärtnerin.

»Was willst du hier, Fremder?«, näselt sie, weil ein Lego-Stein in ihrem linken Nasenloch steckt.

»Meine Frau hat gesagt, ich soll das Kind abholen«, antworte ich. Diesen Satz hat mir ein befreundeter Vater aufgeschrieben. Ich soll ihn aufsagen und danach einfach beschäftigt auf mein Smartphone gucken, dann bekäme ich vom Personal was Passendes rausgesucht. So würde er das immer machen, hat er gesagt.

»Welches isses denn?«, fragt die Kindergärtnerin.

Ich zeige auf ein besonders schönes Kind, das vor der Tür steht und raucht.

»Das ist unsere Praktikantin, die kriegen Sie nicht. Sie müssen schon eins von den kleinen da nehmen.«

Sie zeigt auf ein buntes Knäuel, das über den blankgescheuerten Boden auf mich zu rutscht. Es hat zahllose fiepende Münder und klebrige Händchen, die an meinen Hosenbeinen zupfen. Außerdem ist es überall mit Bärchenmotiven bestickt.

»Wer ist denn der Kräftigste im Wurf?«, frage ich, um pädagogische Kompetenz vorzutäuschen.

»Der kleine Dicke da«, sagt die Kindergärtnerin und versucht, ein Kind aus dem Knäuel zu rupfen, doch es hat sich in ein großformatiges Bilderbuch verbissen, an dem wiederum zahllose weitere Kinder hängen. Sie wirft eine Handvoll Süßigkeiten in die Ecke, um die Meute abzulenken, und schließlich gelingt es ihr, den zappelnden Klops am Fuß zu packen.

Sie hält ihn mir vors Gesicht, und er schnappt nach meiner Nase.

»Oh, wie schön. Er erkennt sie«, meint die Kindergärtnerin.

»Klar. Das ist ja auch ... äh, mein Sohn?«, frage ich.

Sie nickt gütig, und ich werde übermütig.

»Können Sie mir den als Geschenk einpacken?«, frage ich.

»Und Sie sind wirklich der Vater?«, fragt sie skeptisch zurück.

Diesmal nicke ich gütig.

Ein ozeanisches Gefühl unbändiger Freude durchströmt mich, als sich der kleine Körper an mich schmiegt, und außerdem ist morgen Valentinstag, und ich hab noch kein Geschenk für meine Freundin. Deswegen stopfe ich das Kind in meinen Rucksack und dem Kindergarten einen Zwanziger in die Kaffeekasse.

»Ich glaube, das ist der Beginn einer wunderbaren Freundschaft«, sage ich draußen zum Rucksack, und er zappelt zustimmend.

Epilog:
Das Kind hat sich gut bei uns eingelebt. Wir laden jedes Wochenende unsere Pärchenfreunde zu uns in die Wohnung ein, zwingen sie, ihre Schuhe im Flur auszuziehen, und führen unser neues Kind vor. Sie sagen dann Sätze wie »Oh, ein Kind« und »Schau mal, wie schön es kleckern kann« und sind stinkesauer, weil sie selber nur ihre Lampen zum Angeben haben.

Unsere Beziehung ist auch intensiver geworden beziehungsweise kein Thema mehr, weil sich alle Gespräche nur um das Kind drehen. Zurzeit diskutieren wir, ob es einen eigenen Namen bekommen soll. Ich bin dagegen, weil ich es nicht verwöhnen will.

DER SCHWARZMEER-
FREIDENKERBUND

Es ist nicht so, dass Cems Vater keinen Glauben hätte. Im Gegenteil, er glaubt felsenfest an die Überlegenheit des Sozialismus und dass Zonguldakspor irgendwann türkischer Fußballmeister wird. Er ist also einigen Kummer gewöhnt. Außerdem glaubt er, dass seine Frau nicht merkt, dass er heimlich ins Fitnessstudio geht. »Du wirst zu dick«, hat sie neulich gesagt, als er ihr zum dritten Mal den Teller hingehalten hat. Cems Vater ist aufgesprungen und hat gebrüllt: »Ein türkischer Mann ist nie zu dick«, aber man hat gesehen, dass er dabei verstohlen auf seine Silhouette im Spiegel geschielt hat. Dann ist er aus dem Haus gestürmt und hat den Abend im Schwarzmeer-Freidenkerbund verbracht.

Der Schwarzmeer-Freidenkerbund besteht aus Cems Vater, dessen Onkel Bülent und einem deutschen Busfahrer, der bei jedem linken Zirkel dieser Stadt mitmacht. Sie treffen sich einmal die Woche beim Griechen, der zwar Bulgare, aber immerhin Kommunist ist, auch vom Schwarzen Meer stammt und schon deswegen zum Ehrenmitglied ernannt werden musste. Außerdem ist die internationale Solidarität Cems Vater ein Herzensanliegen, jedenfalls solange keine Kurden dabei sind.

Früher hat sich der Schwarzmeer-Freidenkerbund im Heim der Arbeiterwohlfahrt getroffen, aber weil man dort weder rauchen noch Bilder von Stalin aufhängen durfte, treffen sie sich jetzt bei Kostas, der eigentlich Wassil heißt. Das Stalinbild hängt mittlerweile neben dem Akropolisrelief aus Gips, und wenn normale Gäste danach fragen, sagt Kostas, dass das sein Großvater sei, und bis jetzt hat es noch jeder geglaubt.

Zu den selbst gestellten Aufgaben des Schwarzmeer-Freidenkerbundes gehört neben rauchen, sich über die Ehefrauen beschweren und Batakspielen auch die politische Agitation, und für die ist Hartmut zuständig. Hartmut wollte als Student die Werktätigen der Verkehrsbetriebe für die Weltrevolution gewinnen, ist dabei aber irgendwie in eine Festanstellung gerutscht und deswegen seit über dreißig Jahren Busfahrer. Cems Vater hatte vor zwei Jahren einen Bandscheibenvorfall und ist seitdem Rentner, aber Hartmut wiegt einfach zu wenig, um auch einen zu kriegen, obwohl ihm Cems Vater mit Rat und Tat zur Seite steht und dessen Frau manchmal für ihn kocht.

Jedenfalls hat Hartmut Cems Vater darauf gebracht, an einem Bürgergespräch teilzunehmen, bei dem es um die neue Moschee gehen soll, gegenüber der einige Mitbürger ohne Migrationshintergrund Zweifel hegen. Cems Vater hat überhaupt keine Zweifel in dieser Angelegenheit, im Gegenteil, er würde sofort alle Religionen verbieten lassen, wenn ihn jemand früge, und endlich fragt ihn mal jemand.

Cems Mutter hat gesagt, er soll die Leute lieber machen lassen, er müsse ja nicht in die Moschee gehen, aber sein Vater hat gemeint, sie habe nur Angst, dass die Leute sie beim Einkaufen schnitten, aber das seien doch ohnehin rückständige Ziegenhirten, worauf sie meinte, dann solle er in Zukunft gefälligst selbst einkaufen gehen. »Das geht nicht. Ich habe einen Bandscheibenvorfall«, hat sein Vater beleidigt gesagt und auch diesen Abend im Schwarzmeer-Freidenkerbund verbracht.

Ich kann die Angst von Cems Mutter verstehen. Als wir in der Grundschule waren, ist Cems Vater einmal als Integrationsbeauftragter angetreten, weil Antonios Vater krank gewesen ist und wir keine anderen Ausländer in der Klasse hatten. Er sollte während der Projektwoche »Eine Welt« aus seiner Heimat erzählen, hatte unsere Lehrerin gebeten, damit wir dazu Bilder malen könnten. Cems Vater hat also seinen besten Anzug angezogen und wie immer seine drei Lieblingsgeschichten zum Besten gegeben:

1. Wie ein Esel seinem Bruder Veli den linken Hoden abgebissen hat.

2. Wie er einmal den Hoca im Puff getroffen hat und es danach überall herumerzählt hat.

3. Wie er einmal ganz alleine eine Straßenschlacht gegen die Faschisten gewonnen hat.

Die Bilder sind sehr gut geworden, durften aber trotzdem nicht auf dem Schulfest gezeigt werden, außerdem zweifelt Cem mittlerweile am Wahrheitsgehalt der Geschichten. Bei der ersten Geschichte steht Aussage gegen Aussage, Cems Onkel Veli behauptet nämlich, sein Hoden sei damals nur gequetscht gewesen, die zweite Geschichte scheint zu stimmen, obwohl die Frage offen bleibt, was Cems Vater als Heranwachsender im Puff verloren hatte, zumal er damals nach eigener Aussage Tag und Nacht geschuftet hat, und die dritte Geschichte ist zwar theoretisch glaubwürdig, weil es in den Siebzigern ständig solche Auseinandersetzungen in der Türkei gegeben hat, aber Onkel Bülent sagt, Cems Mutter hätte seinen Vater nie und nimmer auf die Straße gelassen, und das klingt ebenso plausibel, wenn man sie kennt. Danach hat Cems Vater ein revolutionäres Kampflied angestimmt und ist mit uns über den Schulhof marschiert, bis die Direktorin eingegriffen hat. Seit diesem Tag findet sein Vater das deutsche Bildungssystem reaktionär, und Cem und ich sind befreundet.

Meine Mutter war damals sehr glücklich, dass ich einen türkischen Spielkameraden gefunden hatte, und hat Cem überall herumgezeigt, denn Türken waren noch relativ selten bei uns in der Siedlung. Ich war ebenfalls glücklich und habe damit angegeben, dass mein Freund Stalinist sei, bis Cems Mutter dahintergekommen ist. Ich sollte am besten gar nichts sagen, hat sie gemeint, oder lieber »Sosyalist«, aber schon damit konnte man im Rheinland der frühen Achtzigerjahre gut Leute erschrecken.

Auch heute hat Cems Vater seinen besten Anzug an, es ist sogar in der Tat derselbe wie damals, aber ich bin ja auch wieder dabei. Diesmal soll ich allerdings kein Bild malen, sondern einen Artikel für das Lokalblatt schreiben. Der gesamte Schwarzmeer-Freidenkerbund ist angetreten, und sogar Cem ist mitgeschickt worden. »Falls etwas passiert«, hat seine Mutter gemeint. Aber es passiert nichts.

Die Moscheegemeinde hat einen smarten, jungen Mann geschickt, der einen Powerpoint-Vortrag über die geplante Moschee hält. Er könnte aber genauso gut Finanzprodukte verkaufen oder für den Vorsitz bei der Jungen Union kandidieren, ohne dass jemand den Unterschied merken würde, weil er genau dasselbe Gestaltungs- und Verantwortungsvokabular benutzt. Daneben sitzen ein deutscher Gewerkschafter und ein Pfarrer, beide nicken mildtätig auf den Redner ein. Cems Vater sitzt am Rand des Podiums und schwitzt.

Im Publikum hocken ein paar deutsche Rentner und starren grimmig Türken an, von denen aber nicht sonderlich viele gekommen sind, und die sind es gewohnt, von Rentnern misstrauisch beäugt zu werden. Außerdem sind einige Anwohner verschiedenster Nationalitäten da, die sich Sorgen um ihre kostenlosen Parkplätze machen, auf denen soll die Moschee nämlich gebaut werden.

Der Mann von der Moscheegemeinde ist mit seinem Vortrag fertig und sagt, dass er jetzt Fragen beantworte.

Eine deutsche Frau steht auf und will, dass er etwas zur Todesstrafe in Saudi-Arabien und zur Burka sagt. Der Mann sagt, dass er für beides nichts kann, distanziert sich dann aber routiniert. Die Rentner murren unwillig, aber die Frau nickt zufrieden und setzt sich wieder.

Dann wollen die Anwohner wissen, wo sie in Zukunft parken sollen. Diese Frage könne er nicht beantworten, sagt der junge Funktionär, dafür sei der Bezirksbürgermeister zuständig.

Ein großes Murren hebt an, Cems Vater sieht seine Stunde gekommen. Von den Schwingen des Volkszorns getragen, hebt er zu einer großen aufklärerischen Rede wider die Religion im Allgemeinen und den Islam im Besonderen an. Dazu hat er einige Passagen von Marx und Feuerbach auf deutsch und türkisch einstudiert, die jedoch wenig Anklang finden. Außer bei Hartmut, der etwas unpassend »¡No Pasarán!« in den Saal ruft.

Die Rentner gucken irritiert, und der Funktionär blättert gelangweilt in seinen Unterlagen. Cems Vater schließt mit einem unfreundlichen Zitat von Atatürk über den Islam und bringt damit wenigstens den Mann von der Moscheegemeinde gegen sich auf.

»Das hat Atatürk nie gesagt«, behauptet der junge Funktionär, aber Cems Vater beharrt darauf. So geht das eine Viertelstunde lang. Die Anwohner werden ungeduldig und wollen wissen, was jetzt mit den Parkplätzen sei. »Verpisst euch, hier geht es um Wichtigeres!«, ruft Cems Vater, und der Mann von der Moscheegemeinde nickt. Er wirkt jetzt nicht mehr wie ein Funktionär, sondern ganz normal, wie ein Türke eben, der sich aufregt. Die beiden sind aufgesprungen und beschuldigen sich gegenseitig, Name und Erbe Atatürks in den Schmutz zu ziehen, so viel verstehe ich, obwohl die beiden ins Türkische verfallen sind.

Der Abend kommt langsam in Schwung, aber die Rentner sind trotzdem unzufrieden, weil sie nichts verstehen.

»Wir sind in Deutschland, da spricht man Deutsch«, sagen sie, aber niemand beachtet sie, und so packen sie noch die kostenlosen Schafskäsehäppchen der Moscheegemeinde in ihre Tupperdosen und gehen nach Hause.

Der deutsche Gewerkschafter will schlichten und schlägt vor, sich doch auf die Diskussion praktischer Probleme zu beschränken, zum Beispiel auf die fehlenden Parkplätze, aber der Mann von der Moscheegemeinde sagt, dass ihm diese verfickten Parkplätze jetzt mal scheißegal seien. Das ist sein letzter Satz auf Deutsch an diesem Abend. Cems Vater sagt auf Deutsch »Jawoll!« und erzählt dann auf Türkisch die Geschichte, wie er den Hoca seiner Moschee damals im Puff von Zonguldak getroffen habe und darüber Atheist geworden sei. »Solche Heuchler sind das nämlich!«, sagt er triumphierend. Cem übersetzt es mir kopfschüttelnd.

Das Publikum zeigt erstmals reges Interesse und diskutiert den Fall.

Außer Hartmut und mir sind bald nur noch Türken da, und Cem kommt nicht mehr beim Übersetzen mit, weil alle durcheinanderreden. Hartmut ist das egal, er klatscht einfach jedes Mal, wenn Cems Vater etwas sagt.

Der Abend endete unentschieden, erzählt Cem später. Die meisten Zuhörer fanden, dass der junge Mann von der Moscheegemeinde zwar prinzipiell recht gehabt habe, dass es aber ungehörig von ihm gewesen sei, so mit einem älteren Mann zu reden, selbst wenn der dreimal Kommunist wäre. Den größten Eindruck freilich hat die Geschichte von Onkel Velis fehlendem Hoden gemacht, die Cems Vater als Zugabe erzählt hat. Darauf wird seine Mutter noch heute beim Einkaufen angesprochen, aber sie hat mir verboten, darüber jemals in der Zeitung zu schreiben.

ETWAS BESSERES ALS DEN TOD FINDEN WIR ÜBERALL

Es ist morgens kurz vor zehn am Dresdner Hauptbahnhof, und gleich werde ich mich für neun Stunden in einen überfüllten Zug setzen, der heute aus betriebstechnischen Gründen über Berlin, Madrid und Emden verkehrt, bis er schließlich nach Bonn fährt. Aber nur der vordere Zugteil, sagt die Bahnhofsdurchsage gerade, der hintere soll kurz hinter Magdeburg abgekoppelt und als Handelsvorposten benutzt werden, in dem die Ureinwohner ihre Felle gegen Schnaps und Glasperlen tauschen können. Was mit dem mittleren Zugteil geschehen soll, wisse man noch nicht, knarzt der Lautsprecher, man würde außerfahrplanmäßig im Ruhrgebiet mal bei einigen Altmetallhändlern anhalten und dann weitersehen.

Der Lokführer ist ausgestiegen, um seine Fahrgäste ein letztes Mal zu umarmen und ihnen Glück zu wünschen, außerdem sucht er jemanden, der sich mit Radachsen auskennt oder ungarisch kann. Es ist nämlich ein ungarischer Zug, das erkenne ich, weil er in der Vorwendezeit oft im Fernsehen zu sehen war, und es stehen auch immer noch dieselben Leute in ihren verwaschenen Jeansjacken am Fenster, winken und freuen sich, dass sie endlich im Westen angekommen sind. Wortlos zeige ich auf das Schild mit der Aufschrift »Dresden«, und die Fenster schließen sich rasch wieder.

Ich helfe dem Lokführer ein bisschen bei der Übersetzung des ungarischen Handbuchs, damit er aufhört zu weinen. »*Visszafelé* heißt vorwärts«, sage ich, »oder rückwärts. Na ja, das sieht man dann ja.«

Auf dem Perron gehen ein paar Leute mit dem Hut rum und sammeln Geld, sie wollen die Bahn auf eine Stunde Verspätung herunterhandeln. Die Bahn nimmt das Geld, bietet zwei Stunden Verspätung an und lässt sich dann auf hundertzwanzig Minuten runterhandeln. Großer Jubel bricht aus, einen solchen Verhandlungserfolg hat nicht mal die Lokführergewerkschaft erzielt.

Als sich die Nachricht von unserer baldigen Abreise an den Lagerfeuern herumspricht, kommt Unruhe auf, Zelte werden abgebrochen, Haustiere freigelassen oder verspeist. In einigen Stunden werden nur mehr leere Bretterverschläge, verwaiste Zelte und vereinzelt herumirrende Kleinkinder an diese Siedlung erinnern, denke ich, doch einige hartgesottene Pioniere scheinen sich an das entbehrungsreiche Leben hier an Gleis 14 gewöhnt zu haben.

Ich unterhalte mich mit einem ehemaligen Unternehmensberater, der wild entschlossen auf den nächsten ICE warten will. »Wohin soll es denn gehen?«, frage ich, und er antwortet milde lächelnd: »Das habe ich vergessen. Es ist aber auch nicht mehr wichtig.«

Er sei glücklich hier, sagt er, habe eine Familie gegründet

und lese viel. Er holt eine zerfledderte Ausgabe der Kundenzeitschrift »Mobil« aus der Tasche und beginnt mit dem Tremolo eines Wanderpredigers einen Jubelartikel über Verbesserungen im Fernverkehr vorzulesen. »So steht es geschrieben«, sagt er ernst und erzählt, dass der ICE seinen Berechnungen zufolge nach der nächsten Schneeschmelze kommen wird. Das habe ihm der Lauf der Gestirne verraten, sagt er und zeigt auf die surrenden Neonlichter. Im Halbdunkel entdecke ich einen Altar, auf dem eine rußende Ölfunzel das Modell eines schneeweißen, schlanken Zuges beleuchtet. »Der ICE. Er wird zu uns zurückkommen«, wispert er und erklärt, dass sie zu jeder vollen Stunde für die Ankunft des großen, weißen Zuges beten würden. Er lädt mich ein, ihn zum nächsten Ritual zu begleiten.

Etwa zweihundert Männer und Frauen mit ernsten, wettergegerbten Gesichtern schreiten in würdevoller Haltung den Bahnsteig ab, sie tragen die verblichenen Reste alter Schaffneruniformen und halten Kellen in den Händen, die sie aus Holz und Pappe gebastelt haben. Der ehemalige Unternehmensberater dirigiert sie mit einer Trillerpfeife. Die Gemeinde beginnt, mit bloßen Händen auf die Abfalleimer zu trommeln, die Männer auf den Teil für Altglas, die Frauen auf den für Verpackungen, und der schleppende Rhythmus geht mir durch Mark und Bein. Eine Gruppe weiß gekleideter Menschen schält sich aus der Masse und formiert sich in einer Reihe zum Tanz. »Sie sollen die Ankunft des ICE symbolisieren«, flüstert mir jemand zu. Die Trommeln werden lauter, einige Tänzer fallen in Trance und beginnen in Zungen zu sprechen, hauptsächlich Zugdurchsagen oder Menüempfehlungen aus dem Bordbistro.

Immer ekstatischer werden die Bewegungen der weißen Tänzer, bald werden sie von der Gemeinde übernommen, und schließlich wiegen sich alle in einer kompliziert choreografierten Neigetechnik.

Eine bucklige Alte kichert hysterisch, der junge Mann neben mir lässt sich auf die Knie fallen, den Mund weit offen, die Arme gen Bahnhofsdach gerichtet. Ein anderer Mann hat sich einen Zylinder aufgesetzt, lässt sich auf den Schultern tragen und verlangt mit barscher Stimme nach Geschenken und Aufschlägen im Reisecenter. Schließlich setzt sich ein Teil der Menge in Bewegung, mit stampfenden Schritten umrunden sie immer wieder den Service Point, in dem ein Mitarbeiter der Bahn mit unbeteiligter Miene sein Leberwurstbrot verzehrt. Das Ritual nähert sich seinem Höhepunkt. Die dunkle Gestalt des Unternehmensberaters erhebt sich vor mir, reißt die Arme hoch, und mit einem letzten Schlag verstummen die Trommeln. Für einen quälend langen Moment scheint die Zeit stillzustehen. Der Mann stößt einen unirdischen, heiseren Schrei aus und stürzt sich auf mich. In seiner Hand blitzt ein langes Messer.

Doch bevor er zustechen kann, bekomme ich seinen Hals zu fassen und würge ihn.

»Sind Sie total übergeschnappt?«, beschwert er sich, und ich öffne die Augen.

Ich glaube, ich habe gerade einen Fehler gemacht.

»Entschuldigung«, sage ich deswegen zu dem neben mir Sitzenden »Für einen Moment dachte ich, Sie seien der Hohepriester.«

»Na ja«, sagt er geschmeichelt, »ich bin immerhin Unternehmensberater.«

Ich rücke seine Krawatte gerade und setze ihm die Brille wieder auf.

»Es geht schon«, sagt er. »Die macht einen ganz fertig, diese Warterei.«

»Wohin soll es denn gehen?«, frage ich, und er antwortet milde lächelnd: »Das habe ich vergessen. Es ist aber auch nicht mehr wichtig.«

Ich stehe lieber auf und gehe ein bisschen spazieren.

Die Anzeigetafel zeigt abwechselnd eine Verspätung von fünf und fünfundvierzig Minuten für den ungarischen Zug an, der dumpf und brütend in seinem Gleis rumort, sonst ist alles wie immer, das Personal steht am Bierbüdchen und erfindet Störungen im Betriebsablauf, und die Wartenden haben eine Menschenpyramide gebaut, damit sie alle in dieses kleine, gelbe Viereck passen, wo man rauchen darf.

Ich klettere ganz nach oben, baue mir in der Turmfrisur einer asthmatischen Hausfrau ein bequemes Nest, strecke den Kopf durch das Bahnhofsdach und schaue mir die Stadt an.

Es ist schön in Dresden, ich werde ab jetzt hier wohnen, beschließe ich, eine Familie gründen, viel lesen und mich von dem ernähren, was der Bahnhof hergibt. Das ist immerhin besser, als neun Stunden im überfüllten Zug zu sitzen.

Doch bevor ich mich an meine neue Heimat gewöhnen kann, bricht die Pyramide unter mir zusammen und überspült mich wie einen ungeschickten Surfer, der Bahnhofslautsprecher mahnt zum Einsteigen, eine türkische Familie adoptiert mich als Gepäckstück und stopft mich zu einem Topfset, zwei Kaffeemaschinen und einigen entfernten Verwandten ins Gepäcknetz. Der Zug ruckelt los, ich fahre tatsächlich nach Hause. Nachdem es mich einige Mühe kostet, die Familie zu überzeugen, dass ich nicht die gefrorene Hammelkeule für Tante Tugba in Wuppertal bin und als solche auch nicht zur Verfügung stehen werde, lassen sie mich frei und schenken mir sogar das Topfset.

Ich finde Platz an einem Vierer-Tischchen, doch die drei Laptopbesitzer dort schauen mich feindselig an, als ich meinen Computer aufbauen will. Ich will einen lustigen Text über das Bahnfahren schreiben, das muss jeder Lesebühnenautor einmal in seiner Karriere gemacht haben, und Zeit habe ich ja genug, auch wenn das Thema scheiße ist. Ich wuchte den Monitor auf den Tisch, die hochnäsigen Laptopbesitzer beschweren sich, aber ich höre schon nichts mehr, weil mein Rechner eine ziemlich laute Lüftung hat, außerdem klopft der Motor, wahrscheinlich ist es die Kurbelwelle.

Wir halten in Döbeln, und eine Schar Behinderter kugelt in den Zug. Sie haben alle Superlaune: die beiden Betreuer, weil sie sofort die Füße hochlegen und ein Bier aufmachen, die anderen, weil sie halt eine Spezialbegabung dafür haben.

»Guck mal, 'n Haus«, ruft eine der kleinwüchsigen Gestalten erfreut glucksend, zeigt aus dem Fenster, und die anderen rennen zu ihr hin, weil sie es auch sehen wollen. Das tun sie ab jetzt jedes Mal, wenn er »Guck mal, 'n Haus« ruft. Bald lassen wir uns anstecken, und auch die anderen Reisenden machen sich gegenseitig auf wichtige Landmarken wie Häuser, Kühe und Hochspannungsmasten aufmerksam. Als wir schließlich in Leipzig einfahren, steht das gesamte Großraumabteil geschlossen auf den Sitzen und jubelt. Wegen der vielen Häuser.

Die Behinderten verbeugen sich und verlassen unter Applaus den Zug, ich schenke ihnen die Töpfe, die sie fortan als Helme tragen wollen, und als der Zug sich in Bewegung setzt, stellen sie sich am Bahnsteig auf und salutieren militärisch. Ihre beiden Betreuer haben sie schlafend zurückgelassen, die Bahnhofsmission wird sich ihrer später annehmen.

Dann passiert erst mal gar nichts, und mir wird langweilig. Mithilfe einer komplizierten Meditationstechnik, bei der man lustige Behinderte visualisieren muss, gelingt es mir, mich tief in mich selbst zu versenken. Von innen sehe ich aus wie eine Tropfsteinhöhle, die Wände sind allerdings geteert, was nun wirklich keine Überraschung ist. Natürlich ist außer mir niemand in mir, und ich langweile mich bald wieder. Als ich wieder auftauche, sind erst fünf Minuten herum, und ich mache mich auf die Suche nach dem Raucherabteil, damit wieder was los ist.

Die meisten Passagiere schauen mich fassungslos an, als ich sie nach dem Raucherabteil frage, aber einige werfen begeistert ihre Unterhaltungselektronik aus dem Fenster und schließen sich meiner Suche an. »Etwas Besseres als den Tod finden wir überall«, sagen sie. »Ja«, antworte ich, »aber nicht unbedingt im Raucherabteil.« »Egal«, sagen sie und haben recht.

Nach einem Tagesmarsch, der uns durch menschenfeindliche Bordbistros und die gefürchtete erste Klasse führt, erreichen wir den hintersten Wagen, ein solide gezimmertes Schmuckstück spätsozialistischer Wagenbaukunst mit fahlgelben Gardinchen, die zum Vollqualmen einladen. Hinter den Fenstern erstreckt sich eine grüne Ebene, die bis zum Horizont erstreckt. Wir sind am Ende der Welt angelangt, beziehungsweise in Niedersachsen. »Hier werden wir wohnen«, rufe ich, »Familien gründen, viel lesen und nach Herzenslust rauchen.« Meine Begleiter jubeln mir zu, Obama-Stimmung macht sich breit. Wir zeichnen ein gelbes Viereck auf den Boden und besetzen den unbesiedelten Waggon im Namen von Prince Denmark.

Als der Schaffner mich kurz vor Bonn im letzten Wagen endlich findet, senkt sich bereits der dichte Nebel einer ganzen Schachtel über mein Abteil. »Sie dürfen hier nicht rauchen«, sagt er streng, aber ich ignoriere ihn und tippe weiter, weil ich endlich wissen will, wie die Geschichte ausgeht.

TANZEN!

»Patrick Swayze ist tot«, sagt meine Freundin, aber richtig traurig sieht sie nicht aus. Sie grinst und schwenkt triumphierend einen Zettel, der mir vage bekannt vorkommt. Es ist ein Vertrag, den ich einst, als wir die Konditionen unserer Beziehung aushandelten, mit meinem eigenen Blut hatte unterschreiben müssen.

»Erst wenn die letzte *Dirty-Dancing*-CD gehört, die letzte Wiederholung im Fernsehen versiegt ist, und erst wenn Patrick Swayze seine Pirouetten auf dem Tanzboden der Ewigkeit dreht, erst dann machen wir gemeinsam einen Tanzkurs, in echt versprochen«, liest meine Freundin vor.

»Tja«, sagt sie, »ich glaube, jetzt ist das so weit.«

Eine brandgefährliche Situation für einen Mann in meinem Alter.

Denn wenn man beim Tanzkurs nachgibt, kann es sein, dass man unversehens in eine Abwärtsspirale Richtung Bürgerlichkeit gerät und sich schließlich mit festem Job in einer Doppelhaushälfte wiederfindet, und auf dem Tisch liegt ein Zettel, dass man die Kinder vom Fußball abholen und den Elternabend nicht vergessen soll, außerdem kommen abends Schmitze-Siepens zum Grillen vorbei, und dann sitzt man schließlich in bunter Funktionskleidung im Garten hinter der Doppelhaushälfte, an der alle fünf Minuten die Regionalbahn entlangjuckelt, und dann erzählen Schmitze-Siepens wieder den ganzen Abend von Steuersparmodellen und ihrer neuen Waschmaschine, und man sitzt benommen daneben, schaut zu, wie die Sonne und das eigene Leben hinter dem toom-Markt versinkt und denkt: Scheiße. Wärste doch bloß nie zum Tanzkurs gegangen, dann wärste heute Schriftsteller ohne festes Einkommen, und das Leben wäre ein Fest.

Aber dann ist es zu spät. Deswegen heißt es jetzt vorbauen beziehungsweise abschrecken. Ich muss meine Freundin daran erinnern, was es heißt, mit mir zu tanzen.

»Du weißt, was passiert ist, als ich das letzte Mal tanzte?«, frage ich, und die Vögel vor dem Fenster hören auf zu singen. Bleierne Stille senkt sich über die Welt.

Meine Freundin nickt.

»Ach, das ist doch verjährt«, meint sie dann. »Außerdem haben sie die Innenstadt ja wieder aufgebaut.«

Wenn ich tanze, habe ich viele Namen: Man nennt mich Der-durch-die-Glastür-tanzt, die Pina Bausch des Grauens oder einfach Katrina.

»Ich habe den Überlebenden versprechen müssen, nie wieder zu tanzen«, sage ich ernst.

Dabei habe ich früher gerne getanzt. Meine Freundin

und ich haben uns sogar auf der Tanzfläche kennengelernt, wo ich gerade den Zweiten Weltkrieg choreografisch umsetzte, weil der DJ mein Lieblingslied aufgelegt hatte. Eine Ballade.

Jemand der so tanzen kann, ist auch bei der Heuernte nützlich, hatte sie damals beschlossen und mir einen Job als Mähdrescher verschafft, aber für solch filigrane Arbeiten war ich einfach nicht geschaffen.

Stattdessen habe ich einige Jahre als Schaufelradbagger im Braunkohletagebau getanzt und eine neue ICE-Trasse durch Rheinland-Pfalz gediscofoxt.

»Das lügst du«, sagt meine Freundin. »Und zwar alles: Ich habe *Dirty Dancing* seit fünfzehn Jahren nicht mehr gesehen, Patrick Swayze fand ich schon immer scheiße, es gibt keinen Vertrag, und mit Schmitze-Siepens will ich erst recht nicht grillen. Wer ist das überhaupt?«

»Das sind Leute, die in einen Tanzkurs gehen würden. Sie sind unrein«, sage ich.

Die Freundin verdreht die Augen.

»Ich hab lediglich gefragt, ob du ...«

»Du hast ›Tanzkurs‹ gesagt«, japse ich. »Es ist ein böses Wort.«

Ein entfernter Bekannter hat neulich behauptet, von seiner Frau vor die Wahl gestellt worden zu sein: Schwangerschaft oder Tanzkurs. Er hat dann das kleinere Übel gewählt und Fabian genannt.

Wir schweigen uns an. Meine Freundin ist beleidigt.

»Bloß weil du nicht tanzen willst, heißt das noch lange nicht, dass ich spießig bin«, sagt sie schließlich.

»Doch«, entgegne ich. »Wer zum Tanzkurs will, ist schon halb in der Jungen Union. Das habe ich in der Schule gelernt.«

»Die Junge Union würde dich eh nicht mehr nehmen, weil du viel zu alt bist«, entgegnet die böse Frau, obwohl sie genauso alt ist. Man sieht es bei ihr bloß nicht so.

Diesmal bin ich beleidigt und schreibe schnell eine Geschichte, in der ich gefährliche Superkräfte habe und von einer wahnsinnigen Frau zum Tanzen überredet werden soll, obwohl davon ganz sicher die Welt untergeht. Das scheint mir ein vernünftiger und erwachsener Weg, mit diesem Problem umzugehen.

Meine Freundin sitzt daneben und erzählt von unserem gemeinsamen Bekannten P.

Der hat mir gerade noch gefehlt. P. ist Brasilianer und tanzt natürlich wie ein junger Gott auf Koks. Wir haben ihn neulich auf einer Party getroffen, die er in eine Salsa-Hölle verwandelte, während sich alle anderen anwesenden Männer in Höhlenmenschen verwandelten.

»Macht doch auch mal mit«, haben die Frauen gesagt, aber wir haben bloß die Zähne gefletscht und uns weiter Flöhe aus dem Pelz geknibbelt.

»Überhaupt Brasilien«, habe ich irgendwann gesagt. »Ich hab ja nichts gegen Brasilien, aber wir sind halt das Gegenteil davon« und die anderen haben zustimmend gegrunzt. Dann haben wir stumpf und betrunken herumgesessen wie brandenburgische Modernisierungsverlierer, deren Frauen in den Westen rübergemacht haben. Trotzdem haben wir P. nicht mit der Keule erschlagen, weil das irgendwie rechtsradikal gewirkt hätte, außerdem kann er Capoeira.

»Capoeira ist doch auch bloß schwules Kung-Fu«, hat dann irgendwer gemeint, und dann hat dieser jemand, wo wir schon mal bei schwulen Kampftänzen waren, auch noch *DAF* aufgelegt, und wir haben alle zusammen den Mussolini getanzt, bis es uns wieder besser ging.

»Was schreibst du da eigentlich?«, fragt meine Freundin plötzlich.

»Nichts«, sage ich und klappe den Laptop zu.

»Wehe, du schreibst da eine Geschichte drüber. Das ist eine private Sache, die keinen was angeht.«

»Wieso?«, sage ich. »Ich lass doch deinen Namen weg.«

Das hätte ich mal lieber nicht gesagt, denn sie schnappt sich meinen Laptop und fängt selbst an zu tippen.

»Er war fett geworden, seit seine Freundin ihn verlassen hatte«, lese ich über ihre Schulter, »fett und einsam. Auch seine Geschichten wurden immer merkwürdiger. Realistische weibliche Figuren bekam er mittlerweile gar nicht mehr hin. Kein Wunder, denn seit seine Freundin mit diesem gut aussehenden Brasilianer ...«

»Jetzt hör aber mal auf«, sage ich.

»Wieso?«, antwortet sie. »Ich hab doch deinen Namen weggelassen.«

DER ONKEL ERZÄHLT VON FRÜHER UND LÜGT, WEIL ER SICH DICKE TUN WILL.

»Ich erinnere mich noch genau an meinen ersten Schultag«, erzähle ich meinem vierjährigen Neffen.

»War das noch im Krieg?«, will er wissen.

»War der Opa wieder zu Besuch und hat Quatsch erzählt?«, frage ich zurück, denn mein Vater erzählt seinem Enkel immer vom Krieg, wenn meine Schwester die beiden zu lange alleine lässt. Und dann will mein Neffe am nächsten Tag in seinem fortschrittlichen Kindergarten »Panzerbär« spielen, was dort nicht so gern gesehen wird, weil es nicht gut ins Konzept »Friedenserziehung« passt.

»Pass auf«, schärfe ich ihm ein. »Der Opa ist gar nicht als Dreijähriger allein im Panzer durch Berlin gekurvt. Das erzählt er nur, weil er sehr, sehr alt ist und schon ein bisschen durcheinander.«

Mein Vater ist allerdings kein bisschen durcheinander, er will sich bloß dicke tun, weil er weiß, dass der Junge tierisch auf große Fahrzeuge steht. Und weil ich zufällig mal erwähnt hatte, dass ich früher bei einem Landschaftsgärtner gejobbt habe und dort einen Bagger lenken durfte, den ich in meiner Erzählung vielleicht ein kleines bisschen größer gemacht habe, als er war, hat mein Vater jetzt diese alberne Panzergeschichte erfunden, um mich auszustechen. Ich finde das erbärmlich und habe meinen Bagger beim nächsten Mal noch ein wenig größer gemacht.

»Da oben sitzt der Onkel drin, wenn er nicht gerade lustige Geschichten schreibt«, habe ich gönnerhaft erzählt und auf das Foto mit dem Braunkohlebagger gezeigt.

»Egal«, lenke ich ab. »Kommen wir zurück zu meinem ersten Schultag. Der Krieg war also, wie gesagt, schon vorbei.«

Meine Schwester streckt den Kopf durch die Tür.

»Jetzt fang du nicht auch noch an«, ruft sie.

»Ich versuche hier lediglich, von meinem ersten Schultag zu erzählen«, beruhige ich meine Schwester, warte aber sicherheitshalber, bis sie gegangen ist.

»Es war ein heißer Spätsommertag«, beginne ich, »und ich hatte mich unvorsichtig weit von der Herde entfernt, als mich der Betäubungspfeil traf.«

Das ist ein guter Anfang, finde ich, und auf metaphorischer Ebene bin ich sogar einigermaßen bei der Wahrheit geblieben. Ich ziehe den Neffen zu mir heran und weise mit großer Geste aus dem Wohnzimmerfenster.

»Damals zogen die Kinder noch in großen Stammesverbänden über die Brachflächen und Baustellen hinter dem Autobahnzubringer. Sie waren die ungekrönten Herrscher jenes einzigartigen Biotops aus Pfützen und asbestverseuchten Schutthalden, das heute mit Einfamilienhäusern und TÜV-geprüften Spielplätzen vollgerümpelt ist, immer auf der Suche nach Nahrung oder einem scharfkantigen Gegenstand zum Drauffallen. ›Draußen spielen gehen‹ nannte man das.«

Der Neffe schaut mich mit großen Augen an. Dieses Freizeitkonzept ist ihm unvertraut, denn er geht in diesen sehr fortschrittlichen Kindergarten, wo die Kinder fortwährend mit sehr nützlichen und pädagogisch sinnvollen Dingen beschäftigt werden. Zu fünft auf einem rostigen Wellblechdach herumzuhüpfen, um herauszufinden, ob es davon einstürzt, gehört nicht dazu.

Ich muss also weiter ausholen:

»Kannst du dich noch an diesen Film mit dem kleinen Roboter erinnern, der auf einem verseuchten Planeten ganz viel Müll einsammelt und dann nach Hause schleppt«, frage ich deswegen.

Der Neffe nickt, denn er hat *Wall-e* im Umweltausschuss seines fortschrittlichen Kindergartens gesehen.

»So ähnlich war Draußen-Spielen«, sage ich, und das stimmt immerhin. Denn obwohl die meisten Eltern in den frühen Achtzigern überzeugt waren, auf einem schwermetallbelasteten und strahlenden Müllhaufen zu hocken, schickten sie die Kinder doch jeden Tag zum Spielen nach draußen in den sauren Regen, ab November sogar völlig ohne Sonnenschutz. Vermutlich, um sie loszuwerden, aber wir waren harte, kleine Bastarde und kehrten immer wieder zurück.

Stets beladen mit einem Haufen Unrat, der an der heimischen Sicherheitsschleuse konfisziert wurde. Einmal gelang es mir dennoch, einen Kotflügel, ein Taubengerippe und eine lebendige Unke ins Bett zu schmuggeln, während meine Schwester unsere Eltern mit einer improvisierten Pilzvergiftung ablenkte.

»Gute Arbeit«, hatte ich meine Schwester gelobt.

»Knollenblätterpilz«, hatte die verschmitzt geantwortet und sich bereitwillig den Magen auspumpen lassen. Meine Schwester hat in ihrer Pubertät dann übrigens keine Drogen mehr angerührt. Da gab es für sie einfach nichts mehr zu entdecken.

Der Neffe schaut, wie man eben schaut, wenn man kompromittierende Wahrheiten über seine Mutter erfährt. Angewidert, aber auch elektrisiert, als habe er gerade eine geheime Welt hinter den Spiegeln entdeckt.

»Warst du auch mit einer Kakerlake befreundet?«, will er wissen, weil er dann doch lieber über diesen Film nachdenkt.

Wehmütig erinnere ich mich an meine erste Freundin und nicke. Plötzlich kommt es mir vor, als sei ich in der Steinzeit groß geworden, und muss kurz überlegen, ob es damals schon Elektrizität gab.

Doch, gab es, fällt mir ein. Sonst hätte es ja nicht so gezwiebelt, wenn wir an den Zaun der Kuhweide pinkelten. Wer am längsten aushalten konnte, wurde Häuptling, der damals noch »Bestimmer« genannt wurde und ja, es waren auch Mädchen darunter, zum Beispiel Zyklopen-Jule, der man ein Auge mit Leukoplast verklebt hatte, damit sie noch fürchterlicher aussah, und die pissen konnte wie ein Brauereipferd.

Mein Neffe sitzt heute im Kinderparlament seines fortschrittlichen Kindergartens, in dem er jahrelang Oppositionsführer war, bis er zurücktreten musste, weil er den

Parlamentspräsidenten als »Toilettentieftaucher mit Arschbeleuchtung« bezeichnet hatte.

»Das war das letzte Mal, dass du dem Jungen eine Rede geschrieben hast«, hatte meine Schwester danach entschieden.

Es ist schon erstaunlich, wie sich die Kindheit meines Neffen von meiner unterscheidet. Zumindest von der Version, an die ich mich zu erinnern glaube, die aber plötzlich wirkt, als habe man mit der Crew von *Mad Max* die Geschichten aus Bullerbü nachgespielt. Oder umgekehrt. Aber je länger ich davon erzähle, desto plausibler klingt das alles.

»Im Prinzip lief das früher so«, kläre ich den Neffen auf. »Man wurde nach der Geburt abgenabelt, seinen Eltern kurz vorgestellt und dann raus zum Spielen geschickt.« Brutpflege, wie man sie heute kennt, war damals noch gar nicht erfunden.

»Habt ihr auch bloß Rinde zu essen bekommen?«, fragt der Neffe.

»Nein, das war nur bei Opa. Und selbst das behauptet er bloß, wenn er will, dass man etwas isst, was man eigentlich gar nicht essen kann. Wir lebten damals von Nüssen, Würmern und gelegentlichen Überfällen auf Kaugummiautomaten.«

Den Neffen schüttelt es vor Ekel.

»Das war ein Witz«, beruhige ich ihn. »Die Automaten haben wir gar nicht aufbekommen.«

Haben wir wohl, aber das darf ich dem Neffen nicht verraten. Meine Schwester führte zu ihrer Zeit ein recht flinkes Stemmeisen, aber ich habe geschworen, dieses Geheimnis mit ins Grab zu nehmen.

Der Neffe hängt an meinen Lippen, er fährt mit weit aufgerissenen Augen durch die aufgepimpte Guido-Knopp-Version meiner Kindheit wie durch eine Geisterbahn, und deswegen lüge ich weiter wie ein Zeitzeuge.

Manchmal wurden allerdings Treibjagden veranstaltet, erzähle ich. Immer wenn der Ruf »Abendessen« erscholl, versuchten wir, uns in Erdlöchern oder Müllhaufen zu verstecken, während irgendwelche Mütter auf Topfdeckel schlugen, um uns in ihre Netze zu treiben. Dann wurden die Kinder markiert und ihre Gesichter mit einer Wurzel-bürste abgeschrubbt, damit man eigenen von fremdem Nachwuchs oder anderen Tieren des Waldes unterscheiden konnte. Wenn man Glück hatte, wurde man von Fremd-eltern eingefangen, dann bekam man ein Butterbrot mit Wurmkur drin und wurde wieder ausgesetzt.

Ging man jedoch den eigenen Eltern in die Falle, wurde man ins Badezimmer gezerrt, drei bis vier Stunden in Sei-fenlauge eingeweicht und anschließend geschoren, indem man einen Kochtopf über den Kopf gestülpt bekam und alle heraushängenden Fransen abgeschnitten wurden, während der Vater mit einem Meißel fingerdicke Schmutzplacken von der sogenannten »Spielhose« klopfte.

»Wolltest du nicht von deinem ersten Schultag erzäh-len?«, fragt der Neffe plötzlich.

Er ist ein bisschen blass geworden, finde ich und überle-ge, ob ich ihm wirklich von jenem Tag erzählen soll. Denn der war wirklich schlimm.

NACHTS IN NAIROBI

In den ausgehenden Neunzigern haben meine Eltern kurzzeitig einen privaten Entwicklungshilfedienst ins Leben gerufen, der besonders in der Dritten Welt auf sehr positive Resonanz stieß, weil sich die Empfänger der Hilfen endlich einmal nicht als Bittsteller vorkommen mussten. Besonders meine Mutter hatte es sich zur Aufgabe gemacht, sich mit kleinen Gaben bei möglichst vielen Menschen auf diesem Planeten für das Unrecht des Kolonialismus zu entschuldigen, und noch heute glaube ich, dass ihr Name bei Kleinkriminellen in diversen Shantytowns und Favelas dieser Welt mit widerwilligem Respekt ausgesprochen wird.

Zum Beispiel in Dialogen wie diesem:

»Erinnerst du dich noch an dieses verrückte weiße Ehepaar?«

»Meinst du die, die uns adoptieren wollten, nachdem wir sie überfallen haben?«

»Ja, genau die. Der Mann hat uns nach dem Weg zur nächsten gotischen Kathedrale gefragt.«

»Ja, mitten in Nairobi. Kurz nach Mitternacht. Total verrückt.«

»Und dann wollte die Frau eine Brieffreundschaft mit uns anfangen.«

»Die hatten gar keine Angst.«

»Nein, das waren die härtesten Motherfucker, die ich je erlebt habe. Aber total verrückt.«

Kurz gesagt: Meine Eltern sind zu dieser Zeit gern in ausgesucht ungemütliche Drittweltmetropolen gereist, um sich dort überfallen zu lassen. Nicht unbedingt absichtlich, aber ein gelungener Urlaubstag klingt bei meinen Eltern halt grundsätzlich mit einem ausgedehnten Abendspaziergang aus, so waren sie es von ihren Urlauben an der Nordsee gewohnt, und meine Eltern sahen keinen Grund, von dieser schönen Gewohnheit abzusehen, bloß weil der Sicherheitsmann des »ganz süßen« Hotels (O-Ton Mutti) in Nairobi sie auf Knien anflehte, eben dies auf keinen Fall zu tun. Und schon gar nicht nach Einbruch der Dunkelheit einen Fuß in dieses »malerische Viertel« (wieder O-Ton Mutti) zu setzen. Als »malerische Viertel« pflegt meine Mutter in einer Mischung aus Höflichkeit und Realitätsverleugnung nämlich sämtliche sozialen Brennpunkte dieser Welt zu bezeichnen.

»Wieso?«, hat meine Mutter wahrscheinlich gefragt und dann gesagt: »Da wohnen doch auch bloß Menschen«, und mein Vater hat eh wieder in seinem Kunstreiseführer nach der nächsten Kathedrale gefahndet. Erstaunlicherweise hat er fast jedes Mal eine gefunden. Manchmal sogar mitten im Busch.

Meist kündigte sich das Unheil schon am ersten Tag ihres Aufenthaltes an, ein typischer erster Anruf klang in etwa so:

Mutter: »Hallo, Schatz, wir sind gut in Nairobi angekommen. Der Flug war toll, wir mussten zwischenlanden, weil eines der Triebwerke so komische Geräusche gemacht hat. Dabei war es bloß dein Vater, der geschnarcht hat. Wie ist denn das Wetter bei euch?«

Ich: »Regnet.«

Mutter: »Hier isses ganz herrlich, so freundliche Menschen überall, und das Hotel ist entzückend. Bloß dein Vater hat jetzt schon Durchfall.«

Ich: »Was hat er diesmal gegessen?«

Mutter: »Sie haben behauptet, es sei Affenhirn. Da musste er probieren, du weißt doch, wie er ist.«

Das weiß ich allerdings. Mein Vater ist vom Willen beseelt, als kulinarischer Roald Amundsen in die Geschichte einzugehen. Todesmutig und vollkommen unvorbereitet stürzt er sich auf alles, was am Wegesrand angeboten wird und größtmögliche Gefahr für Leib und Leben verspricht. Artenschutz- und Hygienebedenken kennt er dabei nicht. Am liebsten sind ihm rohe Meeresfrüchte, die schon einen halben Tag in der Sonne stehen.

Meine Mutter ist zwar Vegetarierin, unterstützt ihn bei seinen Experimenten aber vorbehaltlos, denn schließlich gilt es, Land und Leute zu erkunden, und dabei darf man nicht zimperlich sein, finden meine Eltern.

Mutter: »Ich habe ihn mit Bananen gefüttert. Es geht wieder. Wir machen jetzt einen kleinen Verdauungsspaziergang.«

Ich *(entsetzt)*: »Nein. Nicht schon wieder.«

Mutter: »Ich höre dich nicht, Schatz, die Leitung ist schlecht.«

Rauschen.

Den schönsten Überfall haben meine Eltern nach eigenen Aussagen in Hillbrow, Johannesburg erlebt. Dazu muss man wissen, dass Hillbrow die südafrikanische Kriminalitätsstatistik seit Jahren unangefochten anführt, davon kann man sich in zahlreichen reißerischen Reportagen überzeugen, die leider nicht vollkommen aus der Luft gegriffen sind. Bloß meine Mutter schwärmt noch heute von Hillbrow.

»Das waren ganz reizende junge Leute«, sagt sie. »So höflich. Wir haben uns sehr gut unterhalten.«

Die reizenden jungen Leute waren nämlich derart überfahren von der freundlichen Naivität, mit der meine Eltern durch die abendliche No-Go-Area spazierten, dass ihr Beschützerinstinkt geweckt wurde.

Sie boten an, meine Eltern nach dem Überfall mit dem Auto zurück ins Hotel zu bringen. Dies sei kein Platz für ein älteres weißes Ehepaar, versicherten sie, denn hier gebe es wirklich gefährliche Menschen. »Real criminals«, so sagten sie, sie hingegen wollten nur Geld.

Meine Eltern haben das sofort eingesehen, sind tatsächlich in das Auto eingestiegen, und das wird den Räubern den Rest gegeben haben. Sie haben meine Eltern weder entführt noch ermordet, sondern unbeschadet, wenn auch bargeldlos am Hotel abgeliefert. Auf der Fahrt habe man sich angeregt über die politische Situation in Südafrika unterhalten, sagt meine Mutter, während mein Vater in seinem Reiseführer gelesen habe. Zum Abschied habe meine Mutter die jungen Männer ermahnt, doch bitte einen Schulabschluss zu machen, schließlich war sie mal Lehrerin.

FREUNDE AUS WURST

»Ich hege ein dringendes Häppchenbedürfnis«, sage ich zu meiner Freundin, weil der Hunger übermächtig zu werden droht. Aber die reagiert nicht, weil sie vor dem Fernseher hockt und an der Mattscheibe leckt. Es läuft eine Kochsendung, und als ein Schweinsbraten in Großaufnahme gezeigt wird, fangen wir beide ganz erbärmlich zu fiepen an, so wie frisch geschlüpfte Miezekätzchen auf der Suche nach der Mutterzitze. Aber noch einmal fällt unsere Katze auf diesen Trick nicht herein, und damit nicht wieder an ihr herumgelutscht wird, versteckt sie sich im Schrank.

In ihr Körbchen traut sich die Katze nicht mehr, obwohl ich es hübsch mit Thymianzweigen und einem Schuss Rotwein dekoriert habe.

»Wir haben jetzt schon seit zwei Stunden nichts mehr gegessen. So lange haben wir noch nie durchgehalten«, sage ich stolz zu meiner Freundin. Sie nickt wehmütig, schnappt nach einer Fliege und träumt von besseren Zeiten.

Vor zwei Stunden haben wir mit unserer Fastenzeit begonnen, gleich nach einem betont schlichten und gesunden Nachtmahl. Es gab Salat, zumindest wenn man die dreifache Schichtung von Hackfleisch, Tomate, Nudelblättern und Käse so bezeichnen mag.

Es war ein trostloses, ein trübes letztes Mahl, das wir in gespannter, nachgerade feindseliger Stimmung einnahmen. Vornübergebeugt, den rechten Arm schützend um unsere Teller gelegt, saßen wir einander kauend gegenüber, ohne uns auch nur für einen Moment aus den Augen zu lassen.

Wir sprachen zunächst wenig, und als wir sprachen, gaben wir in hohlen Worten unserer Freude Ausdruck, schon bald vom dürren Busen der Askese naschen zu dürfen, und überboten uns mit den plastischsten Schilderungen jener Entbehrungen, die wir gleich nach diesem Mahl beglückt auf uns nehmen würden, bis uns beide eine Stimmung fiebriger Erregtheit ergriff, die bald in hysterischem Kichern, bald in starken Weinkrämpfen zu Buche schlug.

Den letzten Bissen aber ließen wir geraume Zeit auf unseren Tellern liegen, als ob uns längst Sättigung beschieden sei, und schoben ihn dann in vermeintlicher Absichtslosigkeit herum.

Den Strapazen dieses Nervenkrieges nicht gewachsen, verschlang ich das Stück in einem einzigen verzweifelten Würgen, worauf meine Freundin ihren letzten Happen sofort in nicht weniger als siebzehn winzige Einzelstücke zerteilte, um sie in aufreizender Langsamkeit und unter lautstarken Genusslauten zu verzehren. Ich schickte meine Gabel zum Wildern aus, hatte dies mit einer Stichwunde am Handgelenk zu bezahlen, aber wenigstens war damit die Chancengleichheit wiederhergestellt.

Dem behandelnden Arzt bot ich an, auf die kostspielige Narkose zu verzichten, wenn er mir das komplette Glas Lollis überließe, das ich auf dem Empfangstresen gesehen hatte.

»Das hat die nette Frau im Wartezimmer mitgenommen, sie arbeitet nämlich in einem Kinderheim in der Sahelzone«, versetzte dieser wohlgelaunt und wies auf meine Freundin, die im Blumenrondell vor dem Krankenhaus etwas zu vergraben schien.

Zu Hause versprachen wir uns endlich, der Fettlebe bis auf Weiteres zu entsagen. Das Wort »Diät« nahm jedoch keiner von uns beiden in den Mund, das wäre doch zu albern gewesen, denn für so was muss man ja dick sein, außerdem hatten wir beide noch Reste unserer letzten Mahlzeiten in den Backentaschen, die wir eichhörnchengleich an sicherer Stelle zu verscharren trachteten, um für den dräuenden Hungerwinter gerüstet zu sein.

Unseren Kühlschrank versahen wir mit einem schweren Kettenschloss, dessen Nummer allein unsere Nachbarin kannte, die jedoch schwören musste, dieses Geheimnis mit ins Grab zu nehmen. Aus humanitären Gründen zeigten wir sie aber doch lieber wegen Einbruchs und Fastenbrechens an, damit sie in der Untersuchungshaft unserem Zugriff entzogen sein würde.

Seitdem gab es nichts mehr, zumindest wenn man geneigt ist, die Gummibärchen, mit denen jemand heimlich den Spülkasten aufgefüllt hatte, als »nichts« zu bezeichnen.

Auch in der Öffentlichkeit stößt unser Fasten auf reges

Interesse, wir mussten sogar das Telefon aus der Wand reißen, weil die Pizzadienste dauernd wegen der ausbleibenden Bestellungen anriefen.

In dichten Reihen drängen sich nun weinende Gastronomen vor unserer Haustür, um gegen den drohenden Arbeitsplatzverlust zu demonstrieren. Sie haben Kerzen aufgestellt und Kränze vor unserer Wohnungstür abgelegt, einer trägt sogar ein Schild mit der Aufschrift »Warum?«.

Mittlerweile hat sich die Lage etwas beruhigt. Ich stehe nackt vor dem Spiegel und spreche mit meinem Hungerödem, während meine Freundin unseren verschlossenen Kühlschrank mit dem Vorschlaghammer bearbeitet. Wenigstens hat sie aufgehört, in Dauerschleife den Refrain von »Hungry Eyes« zu singen.

Sonst ist alles gut, ich fühle mich leicht wie nie, die Farben sind viel intensiver und die imaginären Freunde meiner Kindheit sind auch zurückgekehrt, bloß, dass sie jetzt alle aus Wurst sind. Mit einem Mal strömt verführerischer Duft in meine Nase. Toll, wie es die Sinne schärft, wenn man mal richtig fastet, freue ich mich, aber meine Freundin hat es leider auch gerochen. Es duftet nach halber Erdnuss, wahrscheinlich ein bis zwei Monate alt, in Zeiten des Überflusses achtlos fortgeworfen. Wir schauen uns an, meine Freundin knurrt leise.

Dann hechten wir beide kopfüber in die Sofaritze, um nach der leckeren Nuss zu tauchen. Es kommt zu einem Mundgemenge, meine Freundin verbeißt sich in ein Fünfcentstück, während ich im hintersten Winkel der Sitzlandschaft nach Brotkrumen züngele.

Blitzschnell stößt meine bis zu dreißig Zentimeter lange, klebrige Zunge hervor, um die Beute zu packen. Es ist schon erstaunlich, wie schnell sich der Körper solchen Extremsituationen anpasst.

Ein heftiger und erbarmungsloser Kampf entbrennt um die proteinreiche Nahrung, ein Kampf, wie er nicht selten mit dem Tod des unterlegenen Kontrahenten endet, hier in der menschenfeindlichen Umwelt unseres Wohnzimmers, meilenweit entfernt von den Segnungen eines gut gefüllten Kühlschranks. Meine Freundin trägt schließlich den Sieg davon, triumphierend zieht sie die Lefzen hoch und präsentiert ihr beeindruckendes Gebiss, herinnen die halbe Erdnuss einem Goldstück gleich stecken tut. Ich setze alles auf eine Karte und rufe laut: »Da, hinter dir, Pizzabote.«

Der Überraschungscoup gelingt, meine Freundin fährt herum und lässt dabei die Nuss fallen. Fauchend versuche ich, die Beute mit dem lächerlichen Gewicht meines ausgezehrten Körpers zu sichern, während meine Freundin enthemmt auf mich eintritt, aber sie ist bereits viel zu schwach, um mich ernsthaft zu verletzen.

Die Entbehrungen der letzten zwei Stunden haben uns hart und grausam werden lassen, und die Wohnung muss dringend renoviert werden. Es wird Zeit, das Experiment abzubrechen. Es liegt kein Segen darauf.

DAS GRAUEN

Es ist halb zwei mittags, und in einer halben Stunde soll der Supermarkt eigentlich schließen, aber die Menschenmenge, die sich auf dem Parkplatz davor versammelt hat, wird immer größer und wütender. Obwohl »Menschenmenge« vielleicht nicht das richtige Wort ist, denn im Angesicht des großen Silvestereinkaufs sind wir bekanntlich alle keine Menschen mehr, sondern bloß noch seelenlose, verfaulende Hüllen mit leeren Augen und aufgerissenen Mündern, getrieben von einer gnadenlosen und alles verzehrenden Gier nach Fleisch.

Oder nach Sekt. Oder Raclettekäse. Oder Böllern.

Jedenfalls nach Dingen, die wir gut und gerne auch gestern, vorgestern oder wenigstens heute Morgen hätten kaufen können, aber das tun wir nicht, denn erst wenn die Tore des Marktes sich zu schließen drohen, wanken wir aus unseren Löchern, weil wir eben hirnlose und bösartige Kreaturen sind, obwohl der Einzelhandel die Bezeichnung »mündige Verbraucher« bevorzugt.

Der junge Familienvater neben mir, der sonst immer so freundlich grüßt, knurrt mich an, trampelt eine alte Dame nieder und versucht dann, mit ihrem Rollator die Schaufensterscheibe einzuwerfen, aber es klappt nicht, weil der Marktleiter natürlich den Einzelhandelsklassiker *Zombies im Kaufhaus* gesehen hat und deswegen genau weiß, wie man einen Supermarkt zu einer uneinnehmbaren Festung ausbaut. *Dawn of the Dead* wird übrigens mittlerweile in der Vorweihnachtszeit als offizielles Schulungsvideo für das Verkaufspersonal eingesetzt, aber die Psychologen streiten noch, ob es wirklich deeskalierend wirkt, wenn man Kunden den Kopf wegschießt, beziehungsweise ob sie es überhaupt merken würden.

Nur wegen dieses Films ist der Marktleiter damals überhaupt in diese Branche gegangen, denn eigentlich hatte er ja Kindergärtner oder Profiler werden wollen, weil ihn der unverstellte Blick auf das Böse immer fasziniert hat. Aber nur im Weihnachts- und Endjahresgeschäft des Einzelhandels schaue der Abgrund so richtig fies zurück, behauptet er.

»Das Grauen, das Grauen«, brüllt er begeistert den heranbrandenden Kundenwellen entgegen und feuert ein paar Salven über unsere Köpfe hinweg, aber niemand nimmt davon Notiz, denn wir wollen endlich einkaufen. Aber es sind halt keine Einkaufswagen mehr frei, und das kocht die Stimmung zusätzlich hoch.

Denn morgen ist Feiertag, und wer bis dahin nicht mindestens zwei Wagenladungen mit Irgendwas nach Hause geschoben hat, muss elendig verhungern. Vom Silvestereinkauf im letzten Jahr kam ich mit zehn Paletten Trockenobst und einem ganzen Emmentaler nach Hause, der zwar schon ziemlich gerochen, aber dann trotzdem noch bis Mitte Februar bei uns gewohnt hat. Dabei hatte ich eigentlich nur ein Sträußchen Dill kaufen wollen.

»Eier, Butter, Käse, Milch!«, skandiere ich noch einmal meinen Einkaufszettel, aber eigentlich brauche ich gar nichts. Ich will einfach mit den anderen Barbaren marodierend durch die Gänge rennen, wahllos Sachen aus den Regalen rupfen, aus fremden Wagen klauen oder einem frisch erlegten Konkurrenten aus den noch krampfenden Fingern brechen, denn heute hat der präfrontale Cortex, das Über-Ich oder was sonst immer für die Moral zuständig sein mag endlich mal frei, der Prozess der Zivilisation wird bis auf Weiteres ausgesetzt, das alte Reptiliengehirn reckt sein schuppiges Haupt und will ein bisschen Spaß unter Gleichgesinnten haben.

Denn nichts ist mit dem Adrenalinrausch zu vergleichen, der einsetzt, wenn man sich unbewaffnet einer Schwadron kreischender Hausfrauen entgegenwirft, um ihnen die letzte Packung Räucherlachs im Angebot zu 2.99 Euro abzujagen. Ich habe es mit FDP-Parteitagen und einer Dauerkarte bei Dynamo Dresden versucht, aber das ist Kinderkram gegen die vitalisierende Gewaltorgie am Silvestertag kurz vor Ladenschluss.

Endlich öffnet sich die Tür, und der Markt spuckt eine Handvoll Überlebende aus. Die meisten von ihnen haben schwere Wunden davongetragen und können sich kaum noch auf den Beinen halten, aber in ihren verschwollenen Augen glimmt Stolz und archaische Lebensfreude.

Dann bin ich an der Reihe.

Ob ich bereit sei zum Erlebniseinkauf im freundlichen Frischemarkt, brüllt der Marktleiter, aber bevor ich ihm antworten kann, hat er mir schon den Mundschutz zwischen die Kiefer gerammt und schickt mich mit einem Fußtritt samt Einkaufswagen durch das Drehkreuz.

Im Einkaufsradio läuft heute *Slayer* statt Andrea Berg.

Schade, Andrea Berg macht mich immer so schön aggressiv.

WO KOMMT BLOSS ALL DER HASS HER?

Ada und Michi sitzen gegenüber am Frühstückstisch und gucken uns wieder mit diesem Goldmedaillengewinnerblick an. Ada hat ihre Hand zwischen Michis Oberschenkel geschoben, aber er sitzt bloß breitbeinig da und löffelt konzentriert sein Powermüsli in sich rein. Er nennt das wirklich so: »Powermüsli«. Er hat auch »Regenerationsmüsli« mitgebracht, aber das hat er noch nicht angerührt, wahrscheinlich ist er noch nicht ausgepowert genug, aber wir bleiben ja noch zwei Nächte.

Vorletzte Nacht hätten wir auch Lust auf Sex gehabt, aber Ada und Michi waren wieder schneller als wir, und die Wände sind sehr dünn. Erst quietscht bloß das Bett, aber dann fängt Michi an zu grunzen, und irgendwann setzt Ada ein, um Michi anzufeuern. Sie klingt dabei wie ein Cheerleader mit Tourette-Syndrom, und meine Freundin findet: Das passt sehr gut zu ihr.

Wir malen uns aus, wie Ada pomponschwingend auf Michi herumreitet, bis meine Freundin angewidert das Gesicht verzieht und lieber wieder Sudokurätsel löst. Mir gefällt die Vorstellung allerdings ganz gut, aber meine Freundin sagt: »Guck mich nicht so an«, als ich sie so angucke.

Wenn der Lärm kurz aufhört, weiß man, dass sich die beiden in eine andere Stellung wurschteln, und dann geht es wieder los. Ich überlege, ob ich zu *Wetten dass ..?* gehen soll, weil ich mittlerweile die verschiedenen Stellungen am Klang auseinanderhalten kann. Gerade machen sie es von hinten, das ist ziemlich leicht herauszuhören, und ich muss meine Zeitung über die Bettdecke legen, weil meine Freundin es sonst sehen würde, aber sie starrt bloß angestrengt in ihr Sudokuheft. Dabei hat sie gar keinen Stift in der Hand.

Wir hören eine Weile die Körper gegeneinander klatschen, bis Ada schreit, dass sie jetzt komme. Michi legt noch einen Zahn zu, die beiden gehen in die Endrunde und brüllen sich Liebesschwüre ins Ohr.

Dann ist endlich Ruhe, meine Freundin schaut erst auf die Uhr, dann auf mich und sagt: »Dreiundzwanzig Minuten.«

»Guck mich nicht so an«, sage ich, und wir versuchen, schnell einzuschlafen, bevor es schon wieder losgeht. Sonst ist der Urlaub sehr schön. Wir verstehen uns super mit Ada und Michi, aber das sind ja auch unsere Freunde.

Michi ist mit seinem Müsli fertig und trinkt frisch gepressten Orangensaft, den Ada jeden Morgen nur für die beiden macht, dann räumt sie den Tisch ab und fragt, ob wir mit laufen kommen wollen.

»Wie laufen? Wohin denn«, fragt meine Freundin, obwohl sie ganz genau weiß, was Ada meint. Die beiden gehen jeden Morgen nach ihrem Powermüsli joggen und fragen immer, ob wir mitwollen.

Am ersten Tag hat meine Freundin aus Versehen »Ja« gesagt, bevor mir eine Ausrede eingefallen ist. Ich hatte noch versucht, sie unter dem Tisch zu treten, habe aber bloß Michi erwischt und meine Freundin stattdessen hilflos angestarrt. Sie hat mit den Schultern gezuckt, hilflos zurückgestarrt, und dann mussten wir an der Strandpromenade entlangjoggen.

Auf Adas und Michis T-Shirts stand, dass sie den Köln-Marathon gelaufen sind, bei meiner Freundin stand »Astra Pils« drauf und auf meinem »Megadeth«, was konditionsmäßig auch hingehauen hat. Wir haben trotzdem Schritt gehalten, bis Ada und Michi gefragt haben, ob es okay wäre, wenn sie jetzt mal ein bisschen auslaufen würden. Ihre Pulsfrequenz wäre voll down, wenn sie so langsam laufen müssten.

Als die beiden außer Sichtweite waren, wollte meine Freundin sofort eine Zigarette von mir haben, obwohl sie nicht raucht, und ich konnte sie gerade noch davon abhalten, an Ort und Stelle damit anzufangen.

Sonst ist der Urlaub sehr schön. Heute, zum Beispiel, hätten wir mit Ada und Michi surfen gehen können. »Ihr könnt doch surfen?«, haben sie gefragt, und wir haben genickt. Kann ja nicht so schwer sein, haben wir gedacht, aber die Leute von der Surfschule wollten uns trotzdem nicht ins Wasser lassen.

Stattdessen mussten wir auf einem Brett am Strand

üben, das mit einem Kugelgelenk an einem Gestell befestigt war. Unser Surflehrer lag im Liegestuhl daneben und hat sich von Bikinimädchen anquatschen lassen, denen er Getränkebons für die Disco ausgegeben hat. Manchmal ist er aufgestanden und hat gegen das Brett getreten, damit wir herunterfallen. Danach hat er immer »Onda, onda«, gerufen, das heißt »Welle«, dabei war gar kein Wasser unter uns, sondern Kies. Wir sind nämlich extra an einen Kiesstrand gefahren, weil die Brandung da besser ist. Das behaupten zumindest Ada und Michi.

Trotzdem hatten wir viel Erfolg mit unserer Übung, und die Leute haben bald angefangen, uns anzufeuern. Sie haben sogar Wetten abgeschlossen, wer zuerst runterfällt, und ein paar Kinder haben am Brett gerüttelt, als wir besser geworden waren. Unser Surflehrer hat lachend gesagt: »Molto ventoso.« Das heißt: »Sehr windig.« So lernt man es am besten, hat er außerdem gemeint, aber wir haben den Kurs trotzdem abgebrochen.

Mittlerweile haben sie zwei neue Touristen eingefangen und auf das Brett gestellt. Wir gucken zu, weil es wirklich sehr lustig ist, und gewinnen eine Menge Geld beim Wetten, weil wir ja genau wissen, wie das Spiel funktioniert. Außerdem stößt meine Freundin immer mal wieder heimlich gegen das Brett, wenn keiner guckt. Es ist wirklich ein sehr schöner Urlaub.

Ada und Michi sind endlich vom Surfen zurückgekommen. Sie haben dabei ein nettes französisches Pärchen kennengelernt, mit dem wir jetzt was trinken gehen wollen. »Ihr könnt doch Französisch?«, fragen sie.

Wir nicken. Jetzt ist es ja auch egal.

Nach drei Stunden intensiver Konversation in französischer Sprache, bei der es vermutlich um grandiose Surf-Erlebnisse an den Stränden dieser Welt geht, will Michi plötzlich wissen, was wir heute so gemacht haben. »Mal abgesehen von Sonnenbrand kriegen«, sagt er.

Wir sind schon ziemlich betrunken, weil wir neben vielen anderen Dingen auch nicht gut langsam Cocktails trinken können. Aber das ist uns jetzt auch egal, wir haben noch ordentlich Geld vom Wetten, meine Freundin erzählt kichernd, wie wir sechzig Euro gewonnen haben, als sie gegen das Surfbrett getreten hat, und wie die Frau dabei auf ihr Gesicht gefallen ist. Wir müssen furchtbar lachen, meine Freundin quetscht ihr Gesicht auf die Tischplatte, um den Franzosen zu zeigen, wie es ausgesehen hat.

Michi und Ada schauen uns entsetzt an und übersetzen. Dann schauen uns auch die Franzosen entsetzt an.

»Das ist nicht lustig«, sagt Ada schließlich, und Michi übersetzt das. Die Franzosen nicken und schauen uns wieder entsetzt an. Eine unangenehme Stille entsteht, bis die Franzosen auf die Uhr gucken und erklären, dass sie morgen früh raus müssen, weil sie Kitesurfen gehen, und fragen, ob Ada und Michi mitkommen wollen. Das fragen sie auf Englisch, damit wir es auch ganz sicher richtig verstehen.

»Das ist wirklich ein schöner Urlaub« sage ich zu meiner Freundin, als wir wieder im Hotelzimmer sind, aber sie antwortet nicht, anscheinend habe ich was Falsches gesagt.

Stattdessen beginnt das Bett nebenan zu quietschen.

Meine Freundin fährt neben mir hoch und fängt an zu schreien, bestimmt eine halbe Minute lang.

Dann herrscht erst einmal Stille, dabei ist es in diesem Hotel sonst nie ruhig und schon gar nicht nachts, aber man hört keinen Mucks, bis Ada anfängt, nebenan sehr laut zu stöhnen. Dann wieder Ruhe.

Meine Freundin schaut mich an, sie hat Tränen in den Augen, weil sie wütend ist, und dann stöhnt sie, wie ich es von ihr noch nie gehört habe. Sie ist sonst ziemlich leise und stöhnt nur mir zuliebe, weil ich das angeblich mag, dabei mag ich es bei ihr gar nicht, weil ich ja weiß, dass sie es nur mir zuliebe tut.

Aber jetzt sitzt sie neben mir und stöhnt wie ein notgeiles Rind, wie ein sehr kleines notgeiles Rind allerdings, das außerdem ziemlich betrunken und sehr beleidigt ist.

Ich werde augenblicklich geil und mache mir gleichzeitig Sorgen, dass ich plötzlich auf beleidigte Rinder stehen könnte, bis ich Michi von nebenan röhren höre. Er klingt wie ein angeschossener Elch, aber das löst bei mir Gott sei Dank nichts aus.

Ich nehme die Herausforderung an, fange mit einem sonoren Brummen an und steigere es langsam zu einem heiseren Gebell, in das ich einige Liedzeilen von *Napalm Death* einarbeite, die zu meiner Stimmung passen, bis es klingt, als würde sich ein Pottwal mit einer Dampfwalze paaren, obwohl meine Freundin später sagen wird, es hätte eher nach asthmatischem Esel geklungen.

Ich war aber trotzdem gut, denn als ich aufhöre, fällt den beiden gegenüber nichts mehr ein, und es herrscht endlich Ruhe.

Dann klopft ihr Bettgestell an die Wand.

Wir springen sofort auf, fassen das Eisengestell unseres Bettes am Fußende, lassen es bei drei mit aller Kraft gegen die Wand rumsen und dazu einen Schrei los, den man sonst nur hört, wenn Wales Rugbymeister wird. Dann hören wir zufrieden in die Stille hinein.

Doch es bumst umgehend von der anderen Seite zurück. Die Wand vibriert, und der Putz bröckelt, dazu ertönt ein Geräusch, als würde nebenan eine Schafherde geschächtet. Mit einem sehr stumpfen Messer.

Wir schlagen augenblicklich zurück, lassen das Bett immer wieder gegen die Wand krachen, meine Freundin reißt mir das T-Shirt vom Leib, kratzt mir den Rücken blutig, ich ziehe an ihren Haaren, wir kreischen beide wie die Erinyen und fuhrwerken mit der eisernen Verzweiflung von Galeerensklaven an unserem Bett herum.

Die Wand bekommt erste Risse, die Steine beginnen, sich zu lockern.

Nach einer Viertelstunde sind wir total durchgeschwitzt, und unsere Arme schmerzen, aber aufgeben gilt nicht, denn immer noch regt sich drüben Widerstand.

Mit einem Aufbäumen äußerster Kräfte und einem Schrei, von dem die Bewohner dieses Ortes mit furchterstickter Stimme noch ihren Enkeln erzählen werden, wenn die nicht brav waren, werfen wir uns ein letztes Mal gegen das Eisengestell. Diesmal gibt die Wand nach und wir rauschen in einem Geysir von Mörtel und Staub ins Nachbarzimmer.

»Wir kommen«, schreie ich hustend, dann wird es endlich still.

»So«, sagt meine Freundin, als die Nebel sich lichten und Ada und Michi unter ihrer zertrümmerten Inneneinrichtung hervorkriechen. »Das musste mal gesagt werden.«

WAS MIT MENSCHEN MACHEN

Wir stehen am Tresen des Jugendzentrums, und ich versuche, Oktay von den Vorzügen eines redlichen Lebenswandels zu überzeugen, aber es läuft nicht so gut.

Gerade rechnet er mir vor, dass er allein mit Anabolika vier- bis fünfhundert Euro machen könne, wenn er sie billig aus Russland bezöge und in den Umkleiden verschiedener Fitnessstudios und Sportvereine verticke. Wenn er dann noch ein, zwei Roller klaue und einem der weniger seriösen Schrott- und Gebrauchtwagenhändler im Gewerbegebiet überließe, käme er auf einen guten Tausender im Monat.

»Rein theoretisch«, sagt er.

»Klar«, sage ich. »Rein theoretisch.«

Da kann ich finanziell gerade noch so mithalten, überlege ich, auch wenn Oktays Stundenlohn wesentlich höher sein dürfte, aber das sage ich ihm nicht, und auch Oktay ist taktvoll genug, es nicht zu erwähnen. Außerdem ist er noch nicht fertig mit seiner Aufzählung.

»Manchmal gehe ich auch Gymnasiasten abziehen«,

berichtet er treuherzig und vergisst dabei den Konjunktiv.

Auf so etwas habe ich bloß gewartet. Sofort schlage ich ihm mit der schweren Keule moralischer Empörung aufs Haupt, obwohl mich im Moment vor allem empört, dass ein sechzehnjähriger, notorischer Schulschwänzer mehr verdient als ich, aber Oktay hat natürlich mit meiner Reaktion gerechnet. Er ist ja nicht doof.

»Entspann dich«, meint er. »Ich sitze bloß in so einem Schülercafé in der Südstadt herum, und wenn einer ein neues Handy will, kommt er zu mir, und ich mache ihm einen guten Preis. Alles ganz fair. Zu Hause sagen sie dann: ›Papa, ich brauch ein neues Handy, weil der große, böse Türke hat's mir auf dem Heimweg abgezogen.‹ Alle sind glücklich und niemand hat aufs Maul gekriegt.«

»Ach, so ist das«, sage ich zweifelnd.

»Ja. So ist das«, sagt Oktay, und ich glaube, es stimmt sogar. Es ist nämlich eine Sache, hier im Viertel Leute abzuziehen, da gilt so was als persönliches Lebensrisiko und wird nicht weiter verfolgt. Versucht man es aber vor einer katholischen Privatschule im Villenviertel, wird sofort die Kavallerie losgeschickt, und das weiß auch Oktay. Solche blödsinnigen Stunts überlässt er lieber den einschlägig polizeibekannten Idioten, die gerade draußen herumstehen und Kickboxtritte an einer Laterne üben.

»Es ist trotzdem illegal«, wende ich ein.

»Das Gras auf der anderen Seite des Gesetzes ist aber nun mal grüner, mein Freund«, spricht Oktay und klopft mir begütigend auf die Schulter.

Gras würde er übrigens niemals anrühren, Kiffer sind nämlich schwul oder Gymnasium oder Opfer. Für ihn läuft das auf dasselbe hinaus, denn Oktay ist klassenbewusster Hauptschulkanacke so wie die meisten meiner Kunden.

»Kanacke« ist dabei eher als Ehrentitel denn als Herkunftsbeschreibung zu verstehen und kann bei entsprechendem Lebenswandel ungeachtet der Hautfarbe oder Religion erworben werden, was man von einer Gymnasialempfehlung zum Beispiel nicht behaupten kann.

Nicht einmal ich müsste auf ewig Kartoffel bleiben, hat mir Cheyenne Schmitz neulich eröffnet, die später mal Stylistin, Pornostar oder irgendwas anderes im Beauty-Bereich werden will. »Nimms nicht persönlich, aber dieser Zecken-Style geht gar nicht«, hatte sie mit Hinweis auf mein altes Punkrock-Shirt bemerkt und am Rechner im Mädchenraum ein repräsentables Vorstadtoutfit für mich zusammengestellt. Im Wert eines Kleinwagens übrigens, wenn man Sonnenstudio, Bodybuilding und Leasingraten für den 3er-BMW mit hineinrechnet.

Außerdem müsse ich dringend etwas gegen meine Körperbehaarung unternehmen, hat Cheyenne behauptet, sowas trüge man heute nicht mehr, und mir ein entsprechendes Angebot unterbreitet.

Aber ich habe abgelehnt, weil es doch irgendwie unseriös wirken könnte, wenn ich mir während der Arbeitszeit von einer Vierzehnjährigen die Brust enthaaren lasse.

Sabine kommt mit dem Taxi vorgefahren und will ihre Mädchen zum Kino abholen. Sabine ist bei uns für die Mädchenarbeit zuständig. Seit sie im Kleingedruckten der Landesrichtlinien diesen fetten EU-Fördertopf entdeckt hat, macht ihr die Arbeit wieder richtig Spaß, sagt sie. Gestern war sie mit der Mädchengruppe im *Phantasialand*, und morgen legen sie einen Wellnesstag im Erlebnisbad ein, den sie in ihrem Konzept zweifellos als berufsvorbereitendes Schnupperpraktikum verkauft hat. Trotzdem wartet Sabine bloß noch auf ihre Umschulung zur Reisekauffrau.

Dieser Sozialkram sei doch nicht ihr Ding, die Leute seien einfach zu scheiße, hat Sabine neulich erzählt, während ihre Mädchen danebenstanden und auch noch verständnisvoll genickt haben.

Sie seien auch bald weg hier, haben sie ergänzt, weil sie sich bei dieser Castingshow beworben hätten und ganz groß rauskämen und wenn nicht, dann halt Beautybereich.

Ich mache Oktay einen Kaffee zu 50 Cent fertig und versuche ihn dabei ebenso beiläufig wie halbherzig zum Besuch einer Abendrealschule zu überreden, aber er winkt ab.

»Abends kann ich nicht«, sagt er. »Da bin ich ja immer hier.«

Das stimmt. Oktay und die übrigen Herrschaften mögen zwar zu unregelmäßigem Schulbesuch neigen, aber bei uns stehen sie jeden Abend pünktlich um 18 Uhr vor der Tür und empfinden selbst kleinste Verspätungen des Personals als Verletzung ihrer Bürgerrechte.

Ihrem Jugendzentrum sind sie nämlich in Nibelungentreue verbunden und stets bereit, dessen nicht gerade einwandfreien Ruf mit allen Mitteln zu verteidigen. Dazu haben sie sogar eine Art Heimatverein gegründet, einen lockeren Verbund mehr oder minder gewaltaffiner Aktivisten, den sie nach ihrem Stadtteil »Rother Berg Asis«, abgekürzt RBA, genannt haben.

Der politisch-künstlerische Arm der Organisation ist dafür zuständig, die Stadt möglichst flechendeckend mit dem Kürzel »RBA« zu betaggen und Rapvideos ins Netz zu stellen, während der militärische Arm mit anderen Heimatvereinen Händel an den örtlichen Bushaltestellen ausficht. Ideologischer Überbau dieser Heimatvereine ist der Glaube an die unbedingte Überlegenheit der eigenen Sozialsiedlung über die angrenzenden Sozialsiedlungen.

Dabei ist es hüben genauso scheiße wie drüben, und das habe ich seit der letzten Sitzung der zuständigen Arbeitsgruppe sogar schriftlich. Seit die Bushaltestelle »Rother Berg« bei einem dieser Händel medienwirksam abgefackelt wurde, gelten wir endlich auch offiziell als sozialer Brennpunkt mit erhöhtem pädagogischem Handlungsbedarf. Damit wiederum ist die Einrichtung meiner halben Stelle nachweislich dem Wirken der RBA zu verdanken, was bedeutet, dass Oktay gewissermaßen mein Arbeitgeber ist. So sieht er das jedenfalls.

»Wir bauen Scheiße, ihr bleibt im Geschäft«, hat er neulich das komplexe Geflecht aus juveniler Delinquenz und staatlicher Hilfe vereinfachend zusammengefasst.

Neben dem Jugendzentrum und der Bushalte gibt es auf dem Rothen Berg bloß noch einen Rossmann, der immer mal wieder überfallen wird, obwohl jeder weiß, dass es dort nichts zu holen gibt, weil sie aus Sicherheitsgründen nicht einmal mehr Zigaretten verkaufen. Außerdem gibt es ein Schuldnerbüro der Caritas, eine Dönerbude und einen Laden, der immer nach exakt drei Monaten pleite geht, egal was gerade drin war.

Das macht unser Jugendzentrum zum unangefochtenen Mittelpunkt gesellschaftlichen Lebens im Viertel und uns Pädagogen zu einflußreichen Leuten, die was zu sagen haben. Zum Beispiel den schönen Satz: »Ein internationaler Haftbefehl gilt automatisch als Hausverbot«, aber der ist erst einmal gefallen, weil die allermeisten Kunden zwischen Gangsterstyle und Gangsterberuf eben doch einen Unterschied machen, auch wenn sie es nur sehr ungern zugeben.

Die Tür geht abermals auf, und ein dicker Mann in Lederweste schlurft auf mich zu.

»Hier ist Rauchverbot«, sage ich, und Walter schnippt seine Zigarette missmutig, aber ziemlich gekonnt in mein Spülwasser.

»Arschloch«, sage ich, während Oktay eher auf »Kinderficker« tippt, was Walter mit zwei Stinkefingern in unsere Richtungen quittiert.

Walter ist unser Hausmeister und damit der erbitterte Feind aller Nutzer des Gebäudes. Das sind Hausmeister zwar immer, aber bei Walter hat sich diese Berufskrankheit zu einem alles verzehrenden Hass ausgeweitet.

»Du musst jetzt wirklich mal die Heizung reparieren«, sage ich zu Walter.

»Ich fresse dein Gehirn, du Fotze«, nuschelt er, zumindest habe ich das verstanden, aber als ich noch mal nachfrage, sagt er: »Mach ich nächste Woche oder so.«

So einer ist Walter nämlich. Voller Hass, aber irgendwie immer sehr unterschwellig und unter dem Radar. Außerdem ist er handwerklich geschickter Einzelgänger mit berufsbedingtem Zugang zu gefährlichen Substanzen, was den Verfassungsschutz aber trotzdem nicht überzeugen konnte, ihn überwachen zu lassen. Die sollen aber nachher nicht sagen, ich hätte sie nicht gewarnt, wenn unser Hausmeister irgendwann doch mal den Breivik macht.

»Chef da?«, fragt Walter und versucht, den Daumen lässig hinter die Gürtelschnalle mit der Südstaatenflagge zu stecken, aber seine Plauze versperrt den Weg.

»Keller«, antworte ich, obwohl ich den Chef heute noch gar nicht gesehen habe. Aber wo soll er sonst sein? Der Jugendzentrumsleiter steht nämlich nicht so auf Kontakt mit seinen Kunden, und irgendwie ist das auch besser so, weil sein pädagogischer Elan mit den Jahren doch etwas gelitten hat. »Bloß noch Wichser heutzutage«, hat er mir auf der letzten Weihnachtsfeier zugelallt. »Kann man nichts mehr mit anfangen. Alle abschieben, wenn du mich fragst.«

Für einen frustrierten Altachtundsechziger, der gedanklich langsam der NPD entgegendriftet, ist der Chef allerdings ziemlich umgänglich, man darf ihm bloß nicht »mit diesem Sozialscheiß« kommen, das regt ihn bloß auf.

Denn auch der Chef hat sich längst beruflich umorientiert. Aus sozialpädagogischer Sicht ist das eine gute Nachricht, finde ich. Er hat sich nämlich mit dem Hausmeister zusammengetan, und solange die beiden im Keller an ihren Rechnern herumschrauben, jagt uns Walter wenigstens nicht in die Luft.

Das Geschäftskonzept der beiden ist sogar ganz gut, findet jedenfalls Oktay.

Der Chef sammelt bei großen Unternehmen gebrauchte Computer als steuerlich absetzbare Sachspenden für die Jugendarbeit ein, möbelt sie gemeinsam mit Walter auf und verkloppt sie dann auf eigene Rechnung bei eBay.

»Die sind gut, die geben sogar Garantie drauf«, findet Oktay, der unternehmerisches Engagement immer zu schätzen weiß.

»Hast du da mal einen gekauft?«, frage ich, aber Oktay reagiert mit Empörung.

»Ich brauch nichts kaufen, ich habe Kontakte«, sagt er würdevoll. Dann schauen wir schweigend zu, wie Walter mit seiner Hängejeans die Kellertreppe hinunterwatschelt und sich dabei eine neue Zigarette ansteckt. Verdammt, Oktay hat recht, Walter sieht wirklich wie ein Kinderficker aus.

SPIEGLEIN, SPIEGLEIN AN DER WAND

»Hallo«, sage ich und strecke die Hand durch das Loch in der Wand, um mich vorzustellen. »Ich bin der neue Nachbar und hänge gerade mein Badezimmerschränkchen auf.«

»Ach«, sagt die Nachbarin, wischt sich den Staub aus dem Gesicht und sieht insgesamt etwas verstört aus.

Die Leute sind es heutzutage ja gar nicht mehr gewohnt, dass man im Haushalt auch mal etwas selber macht. Für die einfachsten Sachen werden Handwerker gerufen, aber da mache ich nicht mit. Ich bin nämlich durchaus in der Lage, auch einmal selbst ein Schränkchen an die Wand zu hängen.

Zack, zwei Löcher gebohrt, Dübel rein, fertig ist die Laube.

Ich habe mir sogar eigens eine Bohrmaschine geborgt, die ich aber gleich zur Baustelle zurückbringen muss, weil sie ohne das Ding den Asphalt nicht aufbekommen. Es ist unglaublich, wie wenig improvisationsfähig deutsche Bauarbeiter sein können. Den ganzen Vormittag sitzen sie jetzt schon untätig in ihrem Bauwagen herum und trinken Kaffee, während ich bei mir zu Haus schon Schlafzimmer und Küche zu einer zusammenhängenden Wohnlandschaft umgestaltet habe, als ich die beiden Bilder an der Wand dazwischen hatte aufhängen wollen.

»Kann ich meinen Dübel wiederhaben?«, frage ich die Nachbarin höflich. »Er ist beim Reindrücken auf Ihrer Seite gelandet«, aber sie reagiert nicht, sondern schaut ungläubig dabei zu, wie ich selbst nach der Plastikhülse fingere.

Der Dübel liegt direkt neben ihrem linken Fuß, aber die Nachbarin macht keine Anstalten, ihn aufzuheben. Sie scheint eine sehr scheue und in sich gekehrte Person zu sein, und um das Eis zwischen uns zu brechen, betreibe ich etwas Konversation.

»Schön, dass wir uns auch mal kennenlernen. Was machen Sie denn so?«

»Ich dusche.«

»Na, das sehe ich doch. Ich meine: beruflich?«

»Ich bin Statikerin«, murmelt sie und mustert das Loch in der Wand.

»Ich bin ja mehr so Praktiker«, sage ich und erkläre gönnerhaft, dass man kleine Unebenheiten und Löcher in der Wand ganz leicht mit ein wenig Zahnpasta ausspachteln kann.

»Darf ich?«, frage ich nonchalant, greife nach der Tube in ihrem Zahnputzglas und drücke den gesamten Inhalt in das Loch. Es reicht nicht ganz, außerdem wollen die grünen Streifen der Zahnpasta nicht recht zu den mauvefarbenen Kacheln ihres Badezimmers passen. Aber das konnte ich ja nicht ahnen.

»Na, das sieht doch schon viel besser aus«, sage ich trotzdem und wende mich wieder meinem Dübel zu. »Ich hätte gedacht, der passt«, gebe ich mich ratlos und halte den Dübel in die Mitte meiner Bohrung. »Da ist aber noch Luft.« Und zwar zu jeder Seite zwei bis drei handbreit, aber das ist noch lange kein Grund, hysterisch zu werden, finde ich, doch die Nachbarin sieht das anders. Erst als ich ihre Dusche auf eiskalt stelle, fängt sie sich wieder.

Sie versucht etwas zu sagen, aber ihre Zähne klappern einfach zu sehr.

»Duschen Sie nur in Ruhe weiter«, rate ich ihr zu und drehe den Thermostat wieder auf rot, aber die Nachbarin hüpft schon wieder aufgeregt herum. Eben war es ihr noch zu kalt, jetzt ist es plötzlich zu heiß. Sie scheint mir etwas divenhaft, die Gute.

»Kann ich einen Kaffee bekommen?«, frage ich nach einer Weile, weil die Nachbarin anscheinend eh nicht mehr duschen will. Sie hockt hinter ihrem Wäscheständer in der Ecke ihres Badezimmers und starrt mich fragend an.

»'n Schlubber Milch und einen Löffel Zucker, bitte«, sage ich deswegen.

Die Nachbarin fängt wieder an zu hyperventilieren, aber ich will sie nicht schon wieder kalt abduschen müssen.

»Sagen Sie, sind das Besenreiser da an ihrem Oberschenkel?«, frage ich, um sie abzulenken. Meine Freundin kann man mit dieser Frage recht gut ablenken, nach meiner Erfahrung so zwei bis drei Tage, in denen sie mit der Lupe ihre Beine untersucht, aber die Nachbarin spielt nicht mit.

»Verlassen Sie sofort meine Dusche!«, herrscht sie mich an.

Hoppala, was ist denn passiert? Na, da ist aber jemand ungehalten.

Es wird wohl Zeit, sich zu verabschieden, denn wenn ich merke, dass ich unerwünscht bin, ziehe ich mich gerne zurück. Zumindest versuche ich es, aber es klappt einfach nicht.

»Ich kann nicht«, entschuldige ich mich. »Mein Kopf steckt fest.«

Epilog:

Mittlerweile ist das Loch in der Wand wieder zugespachtelt.

Die Nachbarin hat sich als handwerklich recht versiert herausgestellt, und ich habe viel über schnellhärtenden Beton gelernt. Zum Beispiel, dass er beim Trocknen ziemlich auf der Haut spannt, aber deswegen heißt er ja auch Spannbeton.

Damit ich besser zur Geltung komme, hat meine Nachbarin ihr Bad ein bisschen umgebaut. Es ist wirklich sehr schön geworden, vielleicht ein bisschen zu verspielt und fantasymäßig für meinen Geschmack, denn sie hat mir einen verschnörkelten Rahmen umgehängt, mein Gesicht silbern angepinselt und mit irgendeinem Glitzerkram bepudert.

»Guten Morgen«, sage ich, aber die Nachbarin reagiert nicht, sondern geht erst einmal gepflegt kacken. An meiner Anwesenheit stört sie sich überhaupt nicht mehr, sie hat sich an mich gewöhnt wie an jeden anderen Einrichtungsgegenstand.

Ohne mich zu beachten, popelt sie in der Nase, drückt ihre Pickel aus und trällert unter der Dusche auch noch aus dem Werk des vollkommen zu Recht in Vergessenheit geratenen Rick Astley. Erst nachdem die Nachbarin ihre Morgentoilette beendet hat, schaut sie mich herausfordernd an.

»Spieglein, Spieglein an der Wand. Wer ist die Schönste im ganzen Land?«, fragt sie, wie jeden Tag. »Na, wird's bald?«

»Ihr seid es, Frau Nachbarin. Ihr seid die Schönste weit und breit«, sage ich, obwohl ich weiß, dass es ein Fehler ist. Meine Freundin ist nämlich auch gerade aufgestanden, macht sich gerade in unserem Badezimmer zurecht und hört jedes Wort mit.

»Aber hinter den Wänden, da wohnt eine, die ist noch viel schöner als Ihr«, füge ich deswegen hinzu.

»Braver Junge«, ruft meine Freundin durch die Wand und geht zur Arbeit.

Sobald die Handwerker mit unserer Wohnung fertig sind, lässt sie mich hier rausmeißeln. Das hat sie zumindest versprochen.

DIE EINSEGNUNG
DES JENS HOCHSTEIN

»Findest du das nicht irgendwie übertrieben?«, fragt Artur und ich sage: »Nö!«, damit wir endlich los können.

»Nicht mal die Krone?«

»Die Krone vielleicht. Damit siehst du aus wie Jürgen Drews.«

Artur setzt die Plastikkrone ab und schaut in den Spiegel.

»Geh doch einfach ganz normal hin«, schlage ich vor, obwohl ich weiß, dass er das eh nicht tun wird.

»Das ist ein Klassentreffen. Da kann man nicht einfach so normal hingehen.«

Ich sitze seit einer halben Stunde in seinem vollgemüllten Miniapartment herum, blättere in Comics und warte, dass Artur endlich aufzubrechen geruht.

Aber der zündet sich bloß noch eine Zigarette an, zieht einmal fahrig und legt sie im Aschenbecher ab.

»Bist du nervös?«, frage ich.

Artur schüttelt den Kopf und zieht sich wieder aus.

»Ich will nur gut vorbereitet sein.«

Er holt ein schwarzes Hemd und eine Hose aus dem Schrank.

»Das ist ein Priesterhemd«, sage ich. »Wo hast du das schon wieder her?«

»Von eBay, für dreißig Euro«, sagt Artur. »Geil, oder?«

Artur überprüft den Sitz seines Hemdes, zieht das weiße Dings im Kragen zurecht und verkündet, dass jetzt losgegangen werden kann.

»Bist du jetzt Priester, oder was?«, frage ich.

»Weiß ich noch nicht«, sagt Artur. »Vielleicht.«

Ich habe Mühe, mit ihm Schritt zu halten, als wir durch den Schneematsch Richtung Klassentreffen pflügen. Seit er dieses Priesterhemd angezogen hat, steckt er voller Tatendrang, und ich bin nicht sicher, ob das ein gutes Zeichen ist. Artur neigt nämlich zu dramatischen Auftritten und hat einiges zu kompensieren. Genau an der Stelle, wo die anderen sich einen Beruf zurecht gezimmert haben, hat er ein dickes Loch in seiner Biografie, und das macht ihm zu schaffen, obwohl er es nie zugeben würde.

»Bissu jetzt Priester, oder was?«, will auch Arne wissen, den wir kurze Zeit später vor der Kneipe treffen. Artur nickt. Das hatte ich befürchtet.

Arne muss schon nach Hause gehen, weil die Babysitterin noch tanzen gehen will und seine Frau auf dem Weihnachtsmarkt versackt ist. Seine Frau würde sich nie an die Abmachungen halten, klagt er, eigentlich sei er heute mit Versacken dran. Ich zucke mit den Schultern.

»Das sind so Probleme ...«, fange ich an, aber Arne winkt ab.

»Die findest du spießig«, behauptet er, dabei wollte ich das gar nicht sagen.

Arne zeigt uns Fotos, und wir versichern, dass es sehr hübsche Kinder seien, die seinen Verzicht allemal rechtfertigten. Mit dieser Aussage ist Arne sehr zufrieden. Er setzt ein staatstragendes Gesicht auf und fängt an, in goldenen Worten vom Familienleben zu schwärmen.

Man merkt, dass er dieselben Wendungen schon häufiger benutzt hat, und obwohl er schon etwas angetrunken ist, wird es eher ein Referat als eine spontane Gefühlsäußerung. Ich glaube ihm aber trotzdem. Immerhin hat er darüber Arturs Priesterhemd vollkommen vergessen, zumindest stellt er keine Fragen mehr.

»Und sonst so?«, frage ich schließlich, und Arne sagt: »Gut. Und bei dir?«

»Auch gut«, sage ich, dann stehen wir noch etwas herum.

»Wir müssen mal einen trinken gehen«, meint er zum Abschied, und wir nicken. So haben wir uns beim letzten Mal auch verabschiedet. Das war vor fünf, sechs Jahren oder so.

»Der ist Lehrer geworden«, sage ich, als Arne weg ist.

»Ich bin Priester geworden«, meint Artur vergnügt und tätschelt mir den Rücken.

»Echt jetzt?«, frage ich.

»Ja«, sagt er. »In Südamerika.«

»Du musst es ja wissen«, sage ich und öffne die Tür.

»Ich komm gleich nach«, antwortet Artur. Wie gesagt, er hat einen Hang zu dramatischen Auftritten.

Dann gehe ich in den Laden, der ganz früher schon mal *Roxy* hieß, weil zu jener Zeit jede Kneipe mit halbwegs lauter Stromgitarrenmusik *Roxy* heißen musste. Danach wurde das *Roxy* erst eine Cocktailbar mit schielendem Che-Guevara-Airbrush an der Wand, dann ein Callshop mit Wasserflaschen im Schaufenster und zuletzt eine Shisha-Bar, deren Pächter aber irgendwann nach Mosul umgezogen sind, weil die Gewerbemieten dort günstiger sind.

Als dann auch noch ein »Brazilian Waxing-Studio« einziehen sollte, hat Uli eingegriffen. »Das wär das dritte Epiliergeschäft in der Straße«, hat er gesagt und, weil er eh schon Archäologe im gastronomischen Dienst war, seine Doktorarbeit endlich sausen lassen, um sich ganz der Denkmalpflege mit Bierausschank zu widmen. »Die Mumu enthaaren kann man sich auch zu Hause«, hat Uli seine Entscheidung begründet. »Aber ein *Roxy* kann man nur hier aufmachen.«

Jetzt steht er jeden Abend hinter dem Tresen und hält seine Vorträge über spätrömische Provinzialarchitektur eben dort. Die Bezahlung sei ähnlich mies wie bei der Volkshochschule, sagt er, aber das Publikum interessierter, zumindest solange er den Zapfhahn offenhalte.

Das *Roxy* ist bereits bumsvoll. Die meisten habe ich jahrelang nicht mehr gesehen, und während ich meinen Blick schweifen lasse, fällt mir bei vielen auch wieder ein, warum. Meine ehemalige Stufe sieht mittlerweile insgesamt ziemlich mittelständisch aus. Es gibt eine Handvoll Juristen, drei Unternehmer, fünf Lehrer, ein paar Bindestrich-Pädagogen, eine bildende Künstlerin, zwei Musiker, sechs Geisteswissenschaftler in gastronomischen oder PR-Diensten und ein Dutzend mal was mit Medien, mich nicht mitgerechnet. Ich halte mich nämlich für was Besseres, weil ich Bücher schreibe und noch weniger verdiene.

Die Jungs sind untersetzter geworden, die Frauen eher dünner, was den meisten aber nicht besonders gut steht, weil sie zusätzlich auch noch blonder geworden sind.

Artur behauptet, ab einer bestimmten Gehaltsklasse gehöre dünn und blond zur Grundausstattung.

»Hallo«, sagt Anne und küsst mich links-rechts-links. Das hätte sie früher auch nie gemacht.

Aber da hatte sie auch noch nicht diesen energischen Zug um den Mund, den man bekommt, wenn man sich für wichtig hält. Vielleicht hat Artur recht mit seiner Theorie, denn Anne ist hager, blond und Pressesprecherin bei einem Bundesverband für irgendwas mit Industrie. Manchmal sitzt sie im Hosenanzug im Frühstücksfernsehen herum, beschwert sich im Auftrag ihres Verbandes über Lohnnebenkosten, und ich sitze auf der anderen Seite des Bildschirms und frage mich, warum gelungene Erwerbsbiografien so trostlos aussehen müssen.

»Alles gut bei dir?«, frage ich und »Wie geht's deinem Mann?«, weil ich mit dem mal ein paar Semester studiert habe.

»Geschieden«, sagt Anne. »Tut mir leid«, antworte ich, denke aber »Guck mal an. Ist die Anne auch wieder unterwegs.« Dabei passen wir gar nicht zusammen. Haben wir eigentlich noch nie, doch versucht haben wir es trotzdem mal, aber das war in der elften Klasse.

Anne bemängelt die fortschreitende Verschratung des

alleinstehenden Mannes jenseits der fünfunddreißig. »Die Jungs werden langsam wunderlich, man merkt ihnen an, dass sie schon ewig im eigenen Saft schmoren.«

Sie zeigt mir eine Handvoll unscheinbarer Männer, die in den Ecken stehen und versonnen halbleere Gläser in ihren Händen schaukeln. Manche von ihnen starren an die Decke, andere lieber auf den Boden. Einige Gewitzte haben sich zum Schein kleinen Gesprächsrunden beigesellt und gucken wortlos an ihren Gesprächspartnern vorbei. Sie sehen aus, als wollten sie dringend abgeholt werden.

»Wenn die nicht aufpassen, werden sie ihre Sprachfähigkeit ganz verlieren. Wir haben es hier mit einer Kaspar-Hauserisierung im ganz großen Stil zu tun.«

Anne erzählt, dass sie eine Liste mit Kriterien erstellt habe, anhand derer man sehr präzise den jeweils erreichten Verschratungsgrad errechnen könne. Ich finde das sehr lustig, bis ich erfahre, dass ich sieben von zehn Punkten bekommen habe.

»Ich darf das, ich bin Autor«, antworte ich, aber es klingt patziger als beabsichtigt.

Ein dicker Mann kommt auf mich zu. Er trägt ein Jackett, aus dem vorne eine von weißem Hemd bespannte Plauze herauslappt, dazu Jeans und ein braun gebranntes Doofmannsgesicht.

Lass das bitte nicht Jens Hochstein sein, denke ich, obwohl ich ihn längst erkannt habe, und Jens fragt: »Na. Kennste mich noch?«

Ich sage »Nein«. Jens findet das superwitzig und verstrickt mich in ein »Und was machst du so?«-Gespräch, ohne dass ich darum gebeten hätte.

Jens controllt in einem Konzern herum und findet das hochinteressant. Ich lerne, dass es nur Idioten in seiner Branche gebe, und dass die Wirtschaft ohne Jens Hochstein sofort zusammenbrechen würde. Dann bin ich dran.

»Ich schreib so Sachen«, sage ich, werde aber gezwungen, das genauer zu erklären.

Als ich beruflich noch Randgruppen gehütet habe, war es einfacher. Da wurde einfach ein betroffenes Gesicht gemacht und gefragt, ob das nicht superanstrengend sei. Anschließend wurde ich stillschweigend bedauert, und man konnte sich in Ruhe über etwas anderes unterhalten.

Jetzt bin ich Autor, gelte als interessant und soll Auskünfte geben.

»So Sachen halt«, sage ich noch mal, »Geschichten und so«.

Jens fragt, ob ich davon leben könne.

Ich sage: »Ja.« Das sage ich immer, wenn jemand fragt, den ich nicht mag.

Jens will wissen, ob da einiges mit Groupies gehe.

Ich sage: »Ja.« Das sage ich auch immer und zwar egal wer fragt.

Jens guckt beeindruckt und schrumpft zehn Zentimeter. Na, das war ja einfach, denke ich. Selbst wenn er Vorstandsvorsitzender eines Weltkonzerns wäre, würde er sich immer noch unterlegen fühlen. Auch irgendwie traurig. Ich will plötzlich nach Hause, hole mir aber stattdessen ein Bier und überlege, mit wem ich Jens Hochstein verkuppeln könnte, weil er mit seinem schmollenden Knautschgesicht plötzlich so unfassbar verloren aussieht.

»Wusstest du eigentlich, dass Anne geschieden ist«, sage

ich deswegen zu ihm, seine Augen beginnen zu leuchten, und er schaut sich suchend um. Dann ist er weg.

»Wer hat diesem Idioten gesteckt, dass ich Single bin?«, wird Anne später wütend zischen, dabei aber vergessen haben, dass sie Jens nur Getränke holen geschickt hatte, mit denen er längst wieder neben ihr steht. Er wird Anne wortlos das Glas reichen, und sein braunes Mondgesicht wird das Leuchten umgehend einstellen. Er wird dann auch aufhören, amüsant sein zu wollen, sondern lieber wieder über die Inkompetenz in der Welt schimpfen und Uli ungefragt erklären, wie man eine Goldgrube aus seinem Laden machen könnte.

Bevor Jens geht, wird er Anne trotzdem seine Karte geben, weil er mit ihr über Karriereoptionen sprechen möchte. Anne wird die Karte nehmen, weil sie gern was Sichereres hätte als die Verbandsarbeit mit ihren Zweijahresverträgen.

Aber noch scharwenzelt Jens um Anne herum und füttert sie mit Anekdoten von seinem letzten Weinseminar, das die Firma bezahlt habe. Da sei alles top gewesen, Topweine und Topleute, behauptet er, alles Entscheider.

»Im Kindergarten hieß das noch ›Bestimmer‹«, sage ich, ein paar Leute kichern, und Jens knickt sofort beleidigt ein. Das sage man halt so, verteidigt er sich und fängt an, über die Wirtschaftsfeindlichkeit der Gesellschaft zu schimpfen, bis er merkt, dass Anne nicht in das Thema einsteigt.

Die Tür öffnet sich, und diesmal schauen alle hin, obwohl sie eigentlich ständig auf und zugeht. Artur steht eine Weile im Türrahmen und probiert ein Lächeln aus, das gemessen und vertrauenswürdig aussehen soll, ein Priesterlächeln halt, aber Artur hätte seine Rolle kaum schlechter wählen können. Mit seiner Vogelscheuchenstatur und dem Hyänengesicht sieht er viel zu verkorkst aus, um als gütiger Seelsorger durchzugehen, und weil das rote Licht der Neonreklame von draußen in seinem Rücken steht, erinnert er höchstens an einen Exorzisten aus einem Horrorfilm. Aber das bemerkt niemand, weil alle nur auf seinen Priesterkragen starren.

Artur gleitet durch den Raum und schüttelt Hände, dann umarmt er mich, als hätten wir uns Ewigkeiten nicht gesehen. Ich habe keinen Bock auf seine Show und versuche, mich aus seiner Umklammerung zu lösen.

»Kinder, ist das schön«, behauptet er dann auch noch in so einem Heinz-Rühmann-Tonfall, haut mir auf den Rücken, und ich verdrehe die Augen.

Das sei doch wirklich schön, mault Anne, dass man sich mal wieder sehe, und bestürmt Artur mit Fragen, und während die Traube der Zuhörer um ihn herum größer wird, höre ich noch, wie er ein christliches Erweckungserlebnis in irgendeiner südamerikanischen Favela improvisiert.

Natürlich wird dieser Abend schiefgehen, wie in Arturs Leben eigentlich alles früher oder später schiefgeht, aber auf merkwürdige Art ficht ihn das nie besonders lange an. Im Moment scheint er mir jedenfalls der Unbeschwerteste hier zu sein.

»Hauptsache, der Moment ist grandios«, behauptet Artur gerne. Deswegen erfindet er sich gerade als Armenpriester grandios neu. Ich gebe ihm eine gute Stunde, bis die Sache grandios auffliegt, und dann möchte ich nicht in seiner Nähe sein. Deswegen gehe ich zu Myriam, die an der Theke lehnt und einen Steuerberater sucht.

»Ich hätte gewettet, dass mindestens die Hälfte dieser Flitzpiepen Steuerberater geworden wäre, das hätte zu ihnen gepasst«, lacht sie und wedelt sich eine Strähne aus ihrem Gesicht. Allein an dieser Wedelgeste würde ich sie auch noch nach einer Gesichts-OP wiedererkennen, aber sie hat immer noch dasselbe Grübchengesicht, das sie früher so gehasst hat, weil es jeder niedlich gefunden hat.

Myriam macht Skulpturen und beschäftigt sich mit organischer und geometrischer Abstraktion, das habe ich im Internet gelesen, aber Gott sei Dank will sie nicht über Kunst reden, sondern über ihre Steuererklärung. Das tun Künstler übrigens sehr häufig, aber wir beide verstehen rein gar nichts davon, das wird recht schnell deutlich.

Nach ein paar Minuten beschimpfen wir einträchtig die Künstlersozialkasse, das Finanzamt und die Kulturfeindlichkeit der Gesellschaft, und obwohl mir das eigentlich am Arsch vorbeigeht, ist es sehr anheimelnd, zusammen mit Myriam den Rest der Welt scheiße zu finden.

Das haben wir in der Schule schon gern gemacht, aber da dachten wir auch noch, wir würden auf jeden Fall gewinnen. Jetzt sind wir da nicht mehr so sicher, und deswegen mischt sich Neid in die Herablassung, mit der wir gerade die Normalbiografien der übrigen Gäste mit ihren Eigenheimen, dem Festgehalt und den Jahresurlauben durchhecheln, und als wir das beide merken, wechseln wir schnell und verschämt das Thema, aber da ist es schon zu spät.

»Ich hab neulich ernsthaft drüber nachgedacht, mir einen reichen Typen zu angeln«, sagt Myriam irgendwann. »Ist das nicht furchtbar?«

»Machst du doch eh nicht«, sage ich, und Myriam nickt.

»Ich weiß. Aber allein, dass man so was in Erwägung zieht, ist doch schon schlimm.«

»Ach, das wird schon«, sage ich bescheuerterweise und überlege, ob Artur mit seiner Jagd nach grandiosen Momenten nicht doch recht hat.

Hat er aber nicht.

Zumindest macht er dabei alles falsch, der Abend läuft nämlich gerade ziemlich aus dem Ruder.

Artur hängt an den Schultern von Jens Hochstein, der ihn verzweifelt abzuschütteln versucht, aber Artur hat dessen Hals in die Armbeuge geklemmt und schwenkt in der anderen Hand eine Klobürste, aus der immer wieder Tröpfchenschauer auf Jens' Kopf herabregnen.

»Ich segne dich, Jens Hochstein«, brüllt Artur, während der Controller immer mehr die Kontrolle verliert, vielleicht heult er sogar, aber das sieht man nicht genau, es kann auch bloß das Wasser sein. Der Rest der Bande steht um die beiden herum und ist noch unschlüssig, ob sie das als peinliches Entertainment durchgehen lassen sollen oder ob jemand was tun sollte.

Ich könnte wetten, dass ich diese Szene mit denselben Darstellern schon mal auf dem Schulklo gesehen habe, aber ich kann mich auch irren.

Allerdings hat Jens seitdem einiges an Gewicht zugelegt, er stolpert ein paar Schritte rückwärts und drückt Artur an eine Säule. Es knackt, Artur rutscht ihm stöhnend vom Buckel und hält sich die Nase, während ihm Blut über das Hemd zu suppen beginnt.

»Das hat er sich selbst zuzuschreiben«, kreischt Jens, wird aber nicht beachtet.

»Ist jemand Arzt?«, ruft Anne, und alle schauen sich gespannt um.

Ein Typ, dessen Namen ich mir nie merken konnte, ist tatsächlich Arzt geworden und will Artur ins Krankenhaus schicken, aber der möchte lieber einen Schnaps und einen Eisbeutel, während Jens schon den Versicherungskram regeln will. Artur soll irgendwas unterschreiben, aber ein Jurist namens Holger, an den ich mich auch nicht erinnern kann, mischt sich ein und rät Artur dringend ab.

Fünf Minuten später hocken die beiden Kontrahenten in verschiedenen Ecken des Raumes, tragen aber das gleiche T-Shirt. »Roxy« steht darauf. »Bedient euch, ich hab noch fünfhundert Stück«, hatte Uli gesagt, ihnen dann aber doch fünfzehn Euro dafür abgeknöpft.

Jens Hochstein ist ganz aus dem Häuschen und rekapituliert ununterbrochen den Verlauf des Scharmützels, bis ihm niemand mehr zuhören mag.

Artur hat seine Nasenlöcher mit Taschentuchfetzen ausgestopft und ruht auf einer Bank, während Jenny an ihm herumhudert und jedes Mal verständnisinnig nickt, wenn er etwas sagt, bis sie gemeinsam das Lokal verlassen.

Das blutverschmierte Priesterhemd hat sich Myriam geschnappt. »Vielleicht mach ich da was draus«, hat sie gesagt und das Ding mit spitzen Fingern zusammengefaltet. Ich hingegen finde ein blutverschmiertes Priesterhemd als Metapher ziemlich grobschlächtig, aber ich verstehe ja auch nichts von Kunst.

HERRENGEDECK

Als es klingelte, war Bernd Pögenpfuhl in einem dieser Träume versunken, die regelmäßig immer dann wiederkehrten, wenn er zu viel getrunken hatte.

Er saß darin nackt und nur von einem Salatblatt beschirmt wie einer dieser Kalendersäuglinge in einem Blumentopf, hatte dabei allerdings mühsam über ein stürmisches Meer zu paddeln und wurde von einem riesigen Kraken gejagt. Zu allem Überfluss erinnerte ihn der Krake frappierend an seine Exfreundin, wenn Bernd auch nicht hätte sagen können, worin diese Ähnlichkeit genau bestand, denn schließlich sah er bloß die Fangarme, die sich immer zahlreicher um seinen Topf schlossen und ihn in die Tiefe zu ziehen drohten.

Schon während des Traumes war Bernd sicher gewesen, dass dieser vulgärpsychologische Blödsinn weit unter seinem Niveau war, und hatte barsch nach Änderungen, beziehungsweise einem neuen, einem besseren Traum verlangt, doch war seine Stimme ungehört im Rauschen des Meeres verhallt, während er mit einer Spielzeugschaufel, die ihm auch als Paddel diente, auf den Kraken eindrosch.

Aus diesem Traum nun errettete ihn die Türklingel, die sich zunächst ganz sacht in sein Bewusstsein zirpte, ihn aber schließlich mit der Wucht einer Domglocke aus dem Schlaf riss.

Er schlug die Augen auf und hielt noch immer ein buntes Schäufelchen in seiner Hand.

Oha. Mit dessen Herkunft würde man sich später beschäftigen müssen, beschloss Bernd, denn es klingelte schon wieder, und außerdem setzte der Kopfschmerz ein. Es war nämlich spät geworden gestern.

Von Neugier wie von der katertypischen Angst getrieben, irgendeinen wichtigen Termin verbaselt zu haben, hastete Bernd zur Tür, wobei er sich erst das Knie an der Bettkante stieß und dann über die achtlos abgestreiften Stiefel im Flur fiel.

Erst als er die Tür geöffnet hatte, fiel Bernd auf, dass er kaum präsentabel gekleidet war, sondern bloß Unterhose und ein albernes Shirt mit der Aufschrift »Papa ist der beste« trug, das man ihm aus sogenannter »Verarsche« geschenkt hatte.

»Das ist meine Schaufel«, sagte eine Stimme, und erst als Bernd sich hinunterbeugte, wobei ihn heftiger Schwindel befiel, konnte er deren Verursacher ausmachen.

Es war ein Kind. Vor seiner Haustür stand ein leibhaftiges Kind, lächelte einfältig und verlangte nach dieser bekloppten Schaufel, die sich sagenhafterweise in seinem Besitz befand.

Das war zu viel, fand Bernd und schloss die Tür, während

das Kind an die Tür klopfte und mit jämmerlicher Stimme Einlass und Schaufel verlangte.

Verzweifelt versuchte Bernd, dieses spezielle Kind im Fundus der verschwommenen Erinnerungen an den gestrigen Abend zu finden.

Man war nach einem lauen Nachmittag im Park ins *Weihereck* gezogen, Piefgen, Armin und er, und hatte sich dort lang und breit über die Verworfenheit der Welt ausgetauscht. Namentlich über junge Mütter hatte man sich echauffiert, über jene gluckenhaften Wesen, die mit kollernden Rufen und hektischem Kopfnicken strenge Wacht über ihre Brut hielten und zwar eben da, wo sich die drei Herren schon seit Jahr und Tag trafen, um in aller Ruhe und das sei hier betont: in aller Ruhe Rentnerschach zu spielen. Es handelte sich um eine Zen-Übung, die ihnen helfen sollte, die Angst vor dem Alter zu besiegen: Es galt, die ohnehin unvermeidliche soziale Bedeutungslosigkeit vorauseilend zu umarmen, indem man sich schon in jungen Jahren probehalber in die Rolle des versonnen vor sich hinbrabbelnden Mummelgreises hineinfand, der von den Weltläufen unbehelligt kniehohe Figuren herumschob. So würde man nach Lage der Dinge ohnehin enden, hatte Piefgen verkündet.

Die Übung hatte gut funktioniert, musste Bernd gestehen, denn wirklich niemand nahm von ihnen Notiz. Wie unsichtbar standen die drei Männer auf ihrem Schachfeld neben dem Spielplatz, während irgendwelche Torbens und Florians ihre Fußbälle aus böser Lust in den Spielaufbau hämmerten oder eine fieselhaarige Meike aus purer Dummheit mit dem schwarzen Turm kollidierte, um sich dann anklagend vom Dreirad fallen zu lassen.

Man hätte all dies noch hingenommen, wenn nicht auch die Mütter eine nämliche Ignoranz an den Tag gelegt hätten. Wiederholt hatte man erleben müssen, wie die Mutterschiffe geblähten Segels durch die Reihen der Bauern pflügten, bloß um ihre Heulboje aus einem Gebüsch zu bergen oder mit Apfelschnitzen zu füttern. Überhaupt diese fortwährende Apfelschnitzerei. Durchschnittlich werde jedes Kind während einer einzigen ihrer Schachpartien mit bis zu fünf Äpfeln gemästet, hatte Piefgen beobachtet. Diese Äpfel aber würden zu insgesamt dreißig Schnitzen zerteilt, welche jedem Blag in einzelnen Gängen von Mutterbank zu Kindermund verabreicht würden, was wiederum bei geschätzt zwanzig anwesenden Kindern à fünf zu insgesamt dreißig Teilen geschnitzten Äpfeln summa summarum sechshundert einzelne Fütterungsgänge und damit eine heillose und völlig unnötige Herumrennerei ergäbe. »Ein Irrsinn«, hatte Piefgen gebrüllt: Kindermund auf, Apfel rein, fertig – so sei das früher gewesen.

Und ebenso, wenn auch noch etwas vehementer, hatte er es einer sonnenbebrillten, nicht unattraktiven Dame erklärt, die zum siebten Mal ihrem Kind auf dem Feld C7, das es sich aus unerfindlichen Gründen zum Aufenthaltsort erkoren hatte, einen dieser verdammten Schnitze in den Mund applizieren wollte.

Die Frau hatte die drei angestarrt, regelrecht begafft wie einen Verkehrsunfall, um dann, noch im Vorgang des Glotzens begriffen, nach dem Kind zu greifen und es, ohne ein Wort an sie zu richten, fortzuzerren.

Da war es dann zur Gewissheit geronnen: Man war kein Mann mehr, kein Lebewesen war man mehr, sondern eine

Sehenswürdigkeit minderer Güte, die begafft, aber sonst nicht weiter zur Kenntnis genommen wurde. Jawohl. Und just diese Erkenntnis hatte eine trotzige Hochstimmung in ihnen entfacht, die reichlich begossen werden wollte. So war man ins *Weihereck* gegangen, wo man schließlich innere Ruhe gefunden und sich gegen halb drei mit einem liebevollen Toast auf König Herodes voneinander verabschiedet hatte. Eine Schaufel oder gar ein Kind hatte beim Abschied niemand von ihnen mitgeführt, da war Bernd nach Lage der Dinge sicher.

Es klingelte wieder, Bernd wischte sich den Mund ab und öffnete.

Das Kind war noch immer vorhanden. Es wurde sogar frech.

»Hallo, Papa«, sagte es herausfordernd.

Das war jetzt viel zu viel, fand Bernd, knallte die Tür wieder zu und kämpfte Brechreiz nieder.

»Geh weg«, rief er durch die geschlossene Tür. Das Kind gluckste vergnügt.

»Geht nicht«, antwortete es. »Ich wohne hier.«

»Wo denn?«

»Im Kinderzimmer natürlich. Zweite Tür rechts hinter dir.«

Bernd wollte sich umdrehen, zögerte aber. Links ging es ins Bad, das wusste er, aber da rechts konnte keine Tür sein, warum auch, es wäre ja gar kein Zimmer dahinter. Ein ausgemachter Blödsinn, dachte Bernd, wandte sich um, schloss dabei sicherheitshalber die Augen und streckte die Hand in reichlich sicherer Erwartung einer raufasertapezierten Wand aus.

Allein: Er griff an eine Klinke.

Und während ihm kalter Schweiß den Rücken hinunterlief, drückte Bernd die Klinke herunter, öffnete jene Tür, die es gar nicht hätte geben sollen, und schaute auf einen Lego-übersäten Verkehrsteppich, ein Bett mit einigen Kuscheltieren und ein Regal mit Bilderbüchern und buntem Kleinkram.

Kein Zweifel: ein Kinderzimmer.

In seiner Wohnung, die er vor zehn Jahren alleine bezogen und in der auch Tina nur ungern übernachtet hatte, da sie ihr zu dunkel, zu feucht, zu unaufgeräumt und zu überhaupt gewesen war. Überhaupt war ihr irgendwann alles zu überhaupt geworden.

Doch war das überhaupt seine Wohnung?

Bernd war da plötzlich nicht mehr sicher. Er blickte sich um.

Zwar erkannte er die herumstehenden Möbelstücke, Bilder und andere persönlichen Effekte als die seinen, doch schienen sie ihm durch fremde Hände gegangen, so als habe er seine Wohnung während eines längeren Auslandsaufenthaltes untervermietet.

Jemand hat von meinem Tellerchen gegessen, durchfuhr es Bernd, jemand hat in meinem Bettchen geschlafen, und jemand hat mir ein Kind untergeschoben.

Unsinn, es musste eine rationale Erklärung geben. Bernd suchte nach derselben, während das Kind unverdrossen klingelte. Es schien immer fröhlicher zu werden, je fremder und unvertrauter sich Bernd in seiner Haut fühlte.

Er ließ den Blick zu einem gerahmten Foto wandern, das vor fünf Jahren bei einer Australientour aufgenommen wurde, aber er konnte sich nicht mehr erinnern, wer dieses Foto gemacht haben könnte, auf dem er samt Motorrad vor dem Ayers Rock posierte. Damals hatte er sein Leben als vergleichsweise leicht und ungezwungen erlebt, und vielleicht waren seine Augen deswegen an diesem Bild hängen geblieben, überlegte Bernd, aber weiter kam er nicht.

Denn über seine Schulter, hinter der sich der rote Felsen erhob, lugte ein Kleinkind, das in einer Art Tragegestell zu stecken schien. Mit Sonnenbrille und Kopftuch gegen die Sonne geschützt, aber doch unzweifelhaft ein veritables, dickes, quietschfideles Kleinkind.

»Nein, nein, nein. Das geht so nicht«, protestierte Bernd und wandte sich wieder dem Kind an der Wohnungstür zu. »Dich gibt es gar nicht«, jaulte er auf. Tränen der Überforderung liefen ihm über die Wangen.

»Ich fange dann jetzt auch mal zu weinen an«, informierte ihn das Kind in geschäftsmäßigem Ton und begann, einen klagenden Ton abzusondern, den es in derart beachtliche Höhen zu schrauben verstand, dass sich bald sämtliche Türen der Etage öffneten.

Als sich schließlich die gesamte Nachbarschaft um das klagende Kind versammelt hatte, um es abwechselnd zu betätscheln und mit Fäusten gegen Bernds Wohnungstür zu hämmern, verlor er die Nerven und öffnete.

»Klingel nicht gehört«, murmelte er und setzte für die Nachbarn ein schuldbewusstes Schafsgrinsen auf. Das Kind zwängte sich an Bernds Beinen vorbei in die Wohnung, erkletterte einen Stuhl am Esstisch und verlangte nach Cornflakes.

Um Zeit zu schinden, servierte Bernd das Gewünschte,

das sich erstaunlicherweise in seinem Küchenschrank befand, obwohl er Cornflakes eigentlich hasste.

Er setzte sich dem Kind gegenüber und suchte nach einer
Formulierung, die alle Fragen umfasste, aber weil sie ihm
wie elektrische Entladungen wild durch den Kopf schossen,
brachte er bloß ein entgeistertes »Warum?« heraus.

Das Kind schaute ihn an.

»Hunger«, sagte es, und bevor Bernd seine Fragestellung
präzisieren konnte, klingelte es schon wieder.

Wenn er jetzt abermals öffnete, dann würde kein Stein
seiner Welt mehr auf dem anderen bleiben, das wusste
er instinktiv. Piefgen kam ihm in den Sinn. Der hätte bestimmt irgendeine fernöstliche Weisheit vom Stapel gelassen, so einen buddhistisch verbrämten Fatalismus halt,
der Piefgen freilich nie davon abhielt, sich wortreich über
das Universum zu beschweren. Denn entgegen seinen Be-
teuerungen pflegte Piefgen dem Universum nicht etwa in
erwartungsloser Demut, sondern mit ausgeprägtem Blut-
hochdruck und einem Talent zu gekränkter Eitelkeit entge-
genzutreten.

»Such nicht nach der Wahrheit, hör einfach auf, über alles
eine Meinung zu haben«, hatte Piefgen neulich verkündet,
nachdem sie in Zwist darüber geraten waren, ob die Sänge-
rin Loretta Lynn je als Gaststar bei der *Muppet Show* gewesen
war. Natürlich war sie, aber Piefgen konnte ja nie zugeben,
wenn er sich geirrt hatte.

Dennoch beschloss Bernd, dieses eine Mal die Maximen
Piefgens zu beherzigen, und öffnete, meinungslos und ohne
nach der Wahrheit zu suchen, die Tür.

Vor seiner Wohnungstür aber stand Tina. Tina, an die zu

denken er sich vor Jahren untersagt hatte, weil es ja nichts brachte. Und jetzt stand sie da. Mit zwei Einkaufstüten bewaffnet und einer Packung Toilettenpapier unter dem Arm. Sie lächelte ihn an, und zusammen mit dem vertrauten, lang entbehrten Geruch, den der vom Treppensteigen erhitzte Körper Tinas abstrahlte, setzte dieses Lächeln eine Kettenreaktion in Gang, die beide Kammern seines Herzreaktors zu heißglühender Schlacke verkochte, nachdem die Existenz des unbekannten Zimmers samt zugehörigem Kind bereits das rationale Gefüge seiner Welt durcheinandergewirbelt hatte.

»Tina«, sagte Bernd schwach. »Wie schön, aber was, ich meine: Wieso?«

»Na, war spät gestern?«, antwortete sie, und Bernd streckte seine Hand aus, um ihre Wange zu berühren. Ganz vorsichtig, damit sich Tina nicht wieder in Luft auflöste. Sie ließ es geschehen, etwas verdutzt, aber auch gerührt von der Zartheit seiner Geste.

»Da bist du«, sagte er, als er ihre Haut endlich unter seiner Hand spürte.

»Ja, da bin ich«, sagte sie und setzte die Tüten ab. »Die Wasserkästen stehen unten im Flur.«

»Die Wasserkästen stehen unten im Flur«, wiederholte er ihren Satz erst ungläubig fragend, dann jubelnd und schließlich in ergriffenem Ernst, als habe sie ihm gerade den Schlüssel zum letztgültigen Weltverständnis ausgehändigt.

Sie nickte. »Ja«, sagte sie. »Und du könntest sie netterweise heraufholen.«

Bernd tanzte um sie herum und sang immer wieder diesen belanglosen Satz: »Die Wasserkästen stehen unten im Flur«, bis Tina ihn kopfschüttelnd stehenließ und in die Wohnung trat, wo sie freundlich, aber beiläufig dem essenden Kind zunickte.

Sie fragte, ob es noch Hunger habe, und begann, ohne eine Antwort abzuwarten, einen Apfel zu schälen, den sie schließlich in sechs Schnitze zerteilte.

Bernd beschloss, keine Fragen mehr zu stellen. Wie auch, seine Festplatte war endgültig durchgebrannt, alle Daten waren gelöscht, zurückgeblieben war ein einziger Satz. Er sagte ihn probehalber auf: »Such nicht nach der Wahrheit, hör einfach auf, über alles eine Meinung zu haben.«

Bernd sprang vom Treppenabsatz, glitt auf dem Hosenboden das Geländer hinunter und hätte dabei beinahe das Gleichgewicht verloren, denn dergleichen hatte er lange nicht mehr getan. Im ersten Stock wünschte er der Müller'schen einen guten, ach was, einen fantastischen Morgen, und im Hausflur beugte er sich gar zu einem Rauhaardackel nieder, um dem Besitzer, dessen Namen er sich nie hatte merken können, zur außergewöhnlichen Schönheit des Tieres zu gratulieren.

»Ich bin nämlich Vater geworden«, rief er und umarmte den Alten, der sein Hörgerät jedoch nicht angeschaltet hatte, weil es bei feuchter Witterung immer pfeifende Geräusche von sich gab. Bernd lief auf die Straße, um auch den Rest seines neuen Paralleluniversums davon in Kenntnis zu setzen. Ein Lieferwagen erfasste ihn jedoch, noch bevor er den Mittelstreifen erreicht hatte, und Bernd Pögenpfuhl verschied, bevor sich die frohe Kunde verbreiten konnte.

»Warum hat er das wohl gemacht?«, fragte Armin den Piefgen einige Tage später, als sich die kleine Trauergesellschaft
aufgelöst hatte und die beiden ins *Weihereck* gewechselt waren, um endlich eine innere Ruhe zu finden.

»Such nicht nach der Wahrheit, hör einfach auf, über
alles eine Meinung zu haben«, antwortete Piefgen und be-
stellte im Angedenken seines verblichenen Freundes ein
Herrengedeck.

Thomas Hell ist 26, intelligent und schlagfertig, aber er verbraucht viel Energie, um sich im Gleichgewicht zu halten. Als er die sarkastische Informatikerin Sophie kennenlernt, glaubt er, in ihr die große Liebe und die Lösung seiner Probleme gefunden zu haben. Dann verschwindet sie spurlos.

Seine verzweifelte Suche führt Thomas zu Sophies undurchsichtigem Bruder, dem vermüllten Haus ihrer Mutter und tief hinein in ein monströses Kaufhaus, von dem er hoffte, es nie wieder betreten zu müssen.

Was als tragikomische Liebesgeschichte beginnt, entwickelt sich zu einem unberechenbaren Thriller, der existenzielle Fragen aufwirft. Ein unkonventioneller Roman – unterhaltsam, tiefgründig und skurril.

»Ein spannender, ungewöhnlicher Thriller, der aufs Großartigste die Grenzen unserer Vorstellungskraft auslotet.« *Jess Jochimsen*

Anselm Neft
HELL
Roman
Hardcover, 252 S., 19,90€, ISBN 978-3-944035-03-1